MARKUS GRIMM

Abdulmesih und der liebe Gott

Eine wahre Geschichte von Fremde und Heimat

Markus Grimm

Abdulmesih und der liebe Gott

Eine wahre Geschichte von Fremde und Heimat

echter

Information der Deutschen Nationalbibliothek
Die Deutsche Nationalbibliothek verzeichnet diese Publikation in der Deutschen Nationalbibliografie; detaillierte bibliografische Daten sind im Internet über ‹http://dnb.d-nb.de› abrufbar.

1. Auflage 2019

www.echter.de

Cover: Vogelsang Design, Jens Vogelsang, Aachen
(Foto: picture-alliance / Helmut Morell)
Satz: Satzsystem metiTec, me-ti GmbH, Berlin
Druck und Bindung: CPI – Clausen & Bosse, Leck

ISBN 978-3-429-04473-2 (Print)
ISBN 978-3-429-05021-4 (PDF)
ISBN 978-3-429-06431-0 (ePub)

Kapitel 1

Das Land ist groß, weit und alt.

Vom Turm der Kirche aus geht der Blick wie in eine lange Vergangenheit, berührt die Dächer der sich türmenden sandfarbenen Häuser, wandert die hellgrauen Gassen entlang bis hinaus vor die Stadt und verliert sich in den sanften Wellen des Tur Abdin. So kann man in der milden, klaren Luft für Ewigkeiten stehen und schauen, ruhig und wartend, nicht verloren oder ratlos. Dieses große, alte Land trägt und hält die Menschen seit unvordenklichen Zeiten, seit den Zeiten der Akkadier, der Assyrer, der Perser, der Aramäer, der Römer, der Osmanen. Dieses Land, das sich im äußersten Norden des Zweistromlandes dem Himmel entgegenhebt, ruht, als hätte es schon Weltuntergänge überstanden. Es hat Menschen eingeladen und ausgeschickt, willkommen geheißen und verabschiedet. Seit vielen tausend Jahren leert und füllt es sich immer wieder mit Menschenleben, leert und füllt sich, ein zeitlos schlagendes Herz im Südosten der Türkei.

Auf dem Kirchturm in seiner Heimatstadt Midyat steht und schaut Abdulmesih. Es ist eine syrisch-orthodoxe Kirche, und Abdulmesih ist trotz seinem arabischen Namen kein Moslem, sondern Christ.

Wenn er die Augen ein wenig zusammenkneift und nach Osten schaut, wo in der Frühe die Sonne aufgeht und wohin sich die Christgläubigen beim Gottesdienst wenden, dann glaubt er zu erkennen, woher er kommt und was ihn zu dem Menschen gemacht hat, der hier steht. Doch im Westen türmt sich groß und dunkel etwas ganz Unbekanntes vor ihm auf, ein fernes, fremdes Land. Er fürchtet dieses Kommende nicht, aber er liebt es auch nicht, und wenn es nach ihm ginge, käme etwas anderes. Aber das Leben liegt nicht ganz in des Menschen Hand, nur was er daraus macht, nicht die Bedingungen. Abdulmesih ist entschlossen, etwas daraus zu machen, komme, was da wolle, und wo auch immer das sein mag.

Es ist Februar 1966, der Winter ist mild hier oben in Midyat. Die große Abreise steht unmittelbar bevor. Er denkt an seine junge Frau und seine beiden kleinen Söhne, an seine Eltern, seine Freunde. Er erinnert sich an den Jahreswechsel, seinen neunundzwanzigsten Geburtstag und das Hochfest der Taufe des Herrn: den langen, heimatlichen Gottesdienst, den Weihrauch, die Gesänge, die uralte Sprache. Abdulmesih gehört zum Volk der Aramäer, zu den ältesten Christen der Welt, ihre Sprache ist die Sprache Jesu, dreitausend Jahre alt, sie war jahrhundertelang die Verkehrssprache im Vorderen Orient und ist immer noch in täglichem Gebrauch. Sein Leben bis heute hat ihm gezeigt: Wo auch immer er hingeht – sein Volk, seine Sprache werden ihn überall begleiten, und sein Christus wird ihn nirgends im Stich lassen. Abdulmesih bedeutet »Diener des Messias«, »Christusdiener«.

Wie ist nur alles gekommen? Wie hat das Leben ihn hierhergestellt, und wo schickt es ihn jetzt hin?

Er atmet durch und blickt sich um, er sieht noch einige andere Kirchtürme, es gibt hier mehr Kirchen als Moscheen. Seit wann seine eigenen Vorfahren hier im Grenzgebiet von Türkei und Syrien wohnen, weiß er nicht, mit Sicherheit seit vielen Jahrhunderten. Aber den Christen ging es nicht immer gut in diesem Winkel der Welt. Besonders schlecht geht es ihnen seit Beginn des Jahrhunderts, das weiß Abdulmesih aus eigener Erfahrung und aus den Geschichten, die ihm erzählt wurden. Damals wurden Armenier und Aramäer verfolgt und umgebracht, man machte wenig Unterschied, es genügte, dass es Christen waren. Das war noch im Osmanischen Reich. Und heute, in der Türkei? Die Stadt leert sich von christlichen Familien, sie ziehen weg, um anderswo ein Leben zu finden – und Abdulmesih ist drauf und dran, dasselbe zu tun.

Seine Großeltern hat er nie erlebt. Seine Eltern haben durch Gottes Schutz, durch Glück und das Eingreifen von beherzten Menschen die Verfolgung von 1915 überlebt, wenn auch mit knapper Not. Der kleine Bruder seiner Mutter wird erschossen, als sie ihn auf dem Rücken in Sicherheit bringen will, auch ihr Vater stirbt durch eine Kugel. Sie heißt Sara, nach der Frau Abrahams im Alten Testament. Es gibt viele Witwen und Waisen damals, es herrschen Hunger und Elend, und die Menschlichkeit bleibt auf der Strecke: wenn es ums eigene Überleben geht, ist man mit dem Leben und Eigentum anderer nicht zimperlich. Wie soll man sich und seine Familie ernähren? Später findet Abdulmesihs Vater Davut eine Arbeit in der örtlichen Mehlfabrik – und verliert im offenen Riemenantrieb der Getreidemühle seine linke Hand. So wechseln Glück und Unheil in jenen Tagen. Der Firmenchef bittet ihn, die unzulässigen Arbeitsbedingungen nicht anzuzeigen, und sichert im Gegenzug lebenslange finanzielle Unterstützung zu. Nur ein Jahr lang hält er sich an die Zusage. Dann muss Davut für sich und die Seinen wieder ums Überleben kämpfen, als einarmiger Landwirt mit überschaubarem Ackerland, zwei Ochsen zum Pflügen, einem Lastesel, einer Milchkuh und ein paar Schafen und Ziegen. Sara hilft mit, fängt an, Bienen zu züchten, und verkauft Honig. Die Familie wächst, vier Kinder sind es jetzt, zwei Mädchen, zwei Jungen.

Dann kommt Abdulmesih. Niemand weiß, wann genau. In seinen Ausweispapieren steht als Geburtsdatum der 1. Januar 1937. Aber er selber kann nicht sagen, wie es zu diesem Eintrag gekommen ist, denn er ist falsch. Sara hat nie eine Schule besucht, sie kann nicht lesen und schreiben, und niemand findet es nötig, sich bei der Geburt des jüngsten Sohnes irgendwelche Zahlen zu merken, irgendein Datum festzuhalten, das ohnehin niemand genau kennt. Aber eines weiß Sara: Das Jahr von Abdulmesihs Geburt ragt aus dem sonst so gleichförmigen Reigen der arbeits- und entbehrungsreichen Jahre heraus als jenes Jahr, in dem der große »Vater der Türken« stirbt, Kemal Atatürk. Das ist 1938. In diesem Jahr ist Abdulmesih geboren. Aber an welchem Tag, in welchem Monat? Niemand weiß es. Und wann feiert er nun also seine Geburtstage? Nach dem, was im Ausweis steht, Januar 37, wonach sonst, auch wenn alle wissen, dass es nicht stimmt. Was sind schon Zahlen gegen das Glück, jedes Jahr aufs Neue am Leben zu sein?

Kurz nach Abdulmesihs Geburt heiratet seine älteste Schwester – Mädchen heiraten jung in jenen Tagen, nach offiziellem Gesetz noch minderjährig –, und die Familie zählt jetzt sechs Personen, die ernährt werden müssen. Die Landwirtschaft wird weiterbetrieben, auch im Krieg, der im Jahr nach Abdulmesihs Geburt ausbricht, bis zum Jahre 42. Dann kommt der große Hunger. Er fällt nicht vom Himmel als biblische Plage wie Trockenheit, Überschwemmung, Heuschrecken. Dieser Hunger ist menschengemacht. Die türkische Regierung beschlagnahmt sämtliches Getreide und liefert es an die verbündeten Deutschen.

Der vierjährige Abdulmesih steht abends mit einer Tante aus der Nachbarschaft draußen und schaut dem groß untergehenden Sonnenball zu. Der ganze westliche Himmel ist so schön in Rot und Orange getaucht.

»Schau«, sagt er, »der liebe Gott zieht rote Kleider an und bringt uns Brot.«

»Ich hoffe«, sagt die Tante, »er bringt auch meiner Familie welches.«

»Nein«, sagt Abdulmesih, »das ist unser Brot.«

Die Tante lacht und weint gleichzeitig.

Auch die Eltern weinen vor Verzweiflung, sie wissen nicht, wie es weitergehen soll. Sie sehen, wie die Kinder mager werden, auch sie weinen, sind müde und haben Bauchweh. Wenn Davut morgens sein Hemd auszieht, um sich am Trog zu waschen, wagt er nicht, seinen eigenen Körper anzuschauen, und niemand soll zusehen.

Nächte- und tagelang ziehen die Eltern durch den Wald und sammeln Eicheln, vom Baum oder vom Boden, jede einzelne kann Leben retten. Die Eicheln werden gewässert, bis die braune Schale weich ist, dann wird sie abgezogen. Die Eicheln werden in der Sonne getrocknet und in einer kleinen Handmühle gemahlen – für Eichelbrot. Dazu gibt es Trauben, ja, Gott hat die Menschen nicht ganz vergessen und schenkt in der Hungersnot wenigstens eine reiche Traubenernte. Das ergibt stärkenden Saft, und weil Not erfinderisch macht, ersinnt Sara allerlei Traubenspezialitäten. Und sie dankt ihrem Gott, dass kein Mangel an Wasser herrscht. Abdulmesih trinkt Traubensaft und Wasser und vermisst die Muttermilch, die ihn noch als Dreijährigen genährt hat, die süße, warme mütterliche Milch, deren Quelle jetzt versiegt ist.

Im selben Jahr flieht Abdulmesihs ältester Bruder Safar über die nahe Grenze nach Syrien. Er flieht vor dem Hunger und vor der Einberufung zum türkischen Militär. Er wird nicht mehr zurückkehren, sondern dort heiraten und ein Auskommen finden.

Jetzt kommt Abdulmesih in die Schule, mit sechs Jahren, dem Ausweis nach mit sieben. Zum Schulbeginn näht Mutter Sara ihrem Jüngsten eine Stofftasche zum Umhängen, Vater Davut kauft ihm ein Heft und einen Bleistift. So etwas hat Abdulmesih noch nie besessen, Heft und Bleistift sind sein ganzer Stolz. Jetzt ist er ein Schüler! Beides wird mit Sorgfalt in die Tasche gesteckt, die er sich um den Hals hängt. So geht es zum ersten Schultag. Aber – was sprechen die da, diese Lehrer? Er versteht kein einziges Wort. Das ist Türkisch. Abdulmesih kann nur sein Aramäisch, die Sprache der Vorfahren.

Sportunterricht geht zum Glück auch ohne Worte – Rennen, Turnen, Hüpfen, das kennt jedes Kind, Abdulmesih ist begeistert dabei, es ist schön und lustig, und man versteht sich problemlos mit allen.

Doch dann das schreckliche Erwachen: Beim Hüpfen hat er die Tasche umbehalten, und jetzt fehlt der kostbare Bleistift! Bleistifte wachsen nicht am Straßenrand, der Vater ist den Stift extra kaufen gegangen und hat dafür Geld bezahlt, Geld, das nicht leicht zu verdienen ist, schon gar nicht mit einem Arm. Abdulmesih ist verzweifelt, läuft herum, sucht, weint, aber der Stift ist weg. Der Lehrer sieht den weinenden Jungen.

»Warum weinst du, mein Kind?« fragt er, aber auf Türkisch, er kann nichts anderes.

Abdulmesih weint noch mehr. Er fühlt sich allein, keiner versteht ihn, keiner kann ihm helfen, und seinem Vater, der ihn verstehen würde, darf er den Verlust des Stiftes nicht melden. Aber er ist nicht allein, er ist nicht der einzige Aramäer hier. Man verdolmetscht dem Lehrer den Kummer des Kindes.

»Ah«, sagt der Lehrer, strahlt und legt die Hände zusammen, »der Bleistift, du hast deinen Bleistift verloren! Nun komm, mein armes Kind, du musst nicht mehr weinen, schau: Hier schenke ich dir einen anderen, pass gut darauf auf.«

Die Worte hat Abdulmesih nicht verstanden, aber den Lehrer hat er genau verstanden. Dieser gute fremde Mann rettet ihn aus einer großen Verzweiflung. Niemals in seinem Leben wird Abdulmesih vergessen, was so ein Bleistift gekostet hat.

Türkisch lernt Abdulmesih in der Schule, außerdem Rechnen und türkisch-islamische Geschichte. Die aramäisch-christliche Geschichte lernt er in der Kirchenschule, auch die aramäische Schrift und die Sprache der Liturgie. Jeden Sonntag besucht er mit seinem Vater den Gottesdienst und dient als Ministrant. Und er begreift immer mehr, dass er Teil einer alten, ehrwürdigen Tradition ist. Nicht jeder hat daran Anteil, es ist ein Privileg. Dass die anderen Türkisch sprechen und denken, er hingegen Aramäisch, dass die anderen freitags in die Moschee gehen, er aber sonntags in die Kirche, all das ist kein Zufall oder Missgeschick, sondern genau das macht seine Besonderheit aus und ist seine ureigene Kraft. Trotzdem ist niemals Gegnerschaft zwischen ihm und den anderen. Und selbst wenn es seine Feinde wären: Menschen sind sie alle, und die gilt es zu lieben, wie es der Herr gesagt hat. Abdulmesih lernt die türkische und die aramäische Welt kennen und lernt, in beiden mit Selbstverständlichkeit zu leben – fünf Schuljahre lang. Dann endet die Schule, die einzige, die er jemals besucht. Wenn man ihn fragen würde: ›Abdulmesih, was hast du in der Schule gelernt?‹, er würde vielleicht antworten: ›Wer ich bin.‹

Man schreibt das Jahr 49, er ist jetzt elf, offiziell zwölf, und hat gute Abschlussnoten.

»Und was beginnst du jetzt, Abdulmesih?« fragt ihn der immer noch freundliche Lehrer.

Ja, was soll er beginnen? Weit und breit gibt es keine Berufsschule, wo er eine Ausbildung machen könnte. Aber Abdulmesih ist um keine Lösung verlegen, denn er kann praktisch denken, das hat er von den Eltern gelernt.

»Herr Lehrer«, sagt er stolz, »ich beginne etwas, das immer und überall gebraucht wird!«

Der Lehrer kneift die Augen zusammen und schaut in die Luft. »Hm, was immer und überall gebraucht wird ...«

»Schreiner!« ruft Abdulmesih.

»Es stimmt«, sagt der Lehrer, »du hast ganz recht, mein Junge. Häuser, Möbel, Holzgeräte, die gibt es auf der ganzen Welt und zu allen Zeiten. Das ist ein gutes Beginnen, Abdulmesih.«

Abdulmesih geht bei einem Schreiner in die Lehre, privat, und zieht drei Jahre lang als Bauschreiner über die Dörfer. Wie froh und stolz er ist, dass er jetzt eigenes Geld verdient mit seiner eigenen Hände Arbeit, Geld, mit dem er der Familie endlich helfen kann.

Abdulmesih feiert den fünfzehnten Geburtstag, und das Jahr 1952 beginnt. Er hat immer zu tun, er kann nicht klagen, aber insgeheim denkt er an verlässlichere Einkünfte. Wie kann alles regelmäßiger werden? Eines Tages, als er nach Hause kommt, findet er alle in freudiger Aufregung: Der älteste Bruder Safar, an den Abdulmesih sich nur ganz undeutlich und kindhaft erinnern kann, hat aus Syrien geschrieben.

»Was schreibt er denn?«

Er schreibt, es gehe ihm und seiner Familie sehr gut, er vermisse zwar immer noch die alte Heimat und ihre Menschen, habe sich aber in Syrien in der Grenzstadt Qamishli eine schöne und sichere Existenz aufgebaut: Er führt ein Bauunternehmen.

»Mein kleiner Bruder Abdulmesih«, schreibt er außerdem, »ist doch Schreiner geworden. Fragt ihn doch einmal, ob er nicht zu mir kommen will und in meiner Firma arbeiten. Er könnte hier gutes Geld verdienen, Geld, das dreieinhalb mal so viel wert ist wie in der Heimat!«

Abdulmesih fährt eine Art Schreck in die Glieder, halb vor Glück und halb vor Angst: oh ja, gutes Geld verdienen! Aber die Heimat verlassen? Er schreibt seinem Bruder und fragt ihn, ob es möglich ist, dass er nur saisonal arbeitet.

»Natürlich«, antwortet Safar, »du kommst im Sommer hierher, und im Winter, wenn wenig los ist, gehst du mit deinem schönen Verdienst zurück in die Türkei. Abgemacht?«

Damit ist Abdulmesih höchst einverstanden, die Sache hat nur einen kleinen Haken: Sie ist illegal. Er braucht einen Schleuser, der ihn gegen Entgelt über die Grenze schmuggelt. Diese Art von Grenzverkehr kann er sich leisten, weil er mit dem guten syrischen Verdienst rechnen kann. In Midyat, das rund 60 Kilometer von der Grenze entfernt liegt, gibt es mehr als einen, der mit dem Schmuggeln von Menschen sein Brot verdient. Abdulmesih findet also ohne Schwierigkeiten einen Schleuser. Das ist ein leutseliger, etwas vierschrötiger Mann mit einer Lücke zwischen den oberen Schneidezähnen, der gerne Scherze macht und ständig raucht. Er ist durch Erfahrung gewitzigt und kennt die richtigen Orte und Zeitpunkte und die nötigen Leute. Stets wirkt er, als habe er alles schon erlebt und nichts mache ihm Kummer. Dieser Schleuser erläutert Abdulmesih das Verfahren:

»Ich selbst bringe dich bis zur Grenze. Dort nimmt dich dann ein syrischer Freund von mir in Empfang.«

»Ein Freund?«

»Sicher, ein Freund«, sagt der Schleuser, bläst Rauch aus und lacht heiser, »der genau wie ich gern Menschen zur Grenze begleitet, du verstehst. Und dieser Freund bringt dich dann zu deinem Bruder.«

»Verstehe. Und auf dem Rückweg am Ende des Sommers ...«

»Machen wir's dann genau umgekehrt. Ganz einfach.«

Es klingt wirklich ganz einfach, aber die Sache macht ihn trotzdem unruhig, das merkt Abdulmesih, als die beiden schon am nächsten Tag in Richtung Syrien aufbrechen. Eine Grenze ist immerhin eine Grenze, sie wird bewacht und sie heimlich zu übertreten ist verboten. Er wird nervös und stellt unterwegs dem Schleuser immer wieder besorgte Fragen, aber der lacht nur und winkt ab.

Am Abend gelangen die beiden an die Grenze. Im Schatten der Nacht und in aller Stille geht es dann hinüber. Der Schleuser macht in diesen Augenblicken einen hochkonzentrierten und hellwachen Eindruck, er raucht auch nicht. Da! Wer taucht dort aus dem Dunkel auf? Es ist der syrische Schleuser-Kollege, man grüßt und verabschiedet sich kurz und stumm, und schon geht es weiter. Alles geht glatt, und als es vorbei ist, fühlt Abdulmesih sich ganz beschwingt. Seine Aufregung kommt ihm fast kindisch vor, denn zu keinem Zeitpunkt hat er irgendeine Gefahr wahrgenommen.

Im Morgengrauen erreichen er und der Syrer Safars Haus in Qamishli. Der Mann bekommt sein Geld und verabschiedet sich scherzend, indem er die Hand soldatenhaft an die Stirn hebt.

In Safars Haus gibt es ein großes Hallo. Umarmungen, Küsse, Tränen, Freudenrufe und wieder Küsse.

»Mein Gott«, ruft Safar, »wie lange ist es her, dass wir uns zuletzt gesehen haben! Ich erkenne dich kaum wieder, Mesih, du bist schon fast ein Mann!«

»Und ich war noch so klein, dass ich mich kaum an dich erinnere.«

»Ja, es ist schlimm, was die schlimmen Zeiten mit uns machen. Aber jetzt danken wir Gott, dass er uns das Leben erhalten und uns heute wieder zusammengeführt hat.«

Abdulmesih lernt seine Schwägerin Atija kennen, die aus Mardin stammt, und die Kinder der beiden: eine richtige Familie! Er freut sich sehr, lacht, erzählt und scherzt, aber er denkt auch mit leiser Traurigkeit an die getrennten Jahre, die nicht wieder eingeholt werden können.

Man bewirtet ihn mit Gebäck und Anisschnaps, wie in der Heimat, und Abdulmesih genießt es, mit seinem Bruder Aramäisch zu reden.

»Kannst du schon Arabisch?« fragt Safar.

»Ein wenig.«

»Na, das lernst du hier schnell. Im Betrieb gibt es auch Türken, du wirst gut zurechtkommen. Aber nicht sofort, jetzt machst du erst mal ein paar Tage Urlaub, lernst meine Familie und die Umgebung kennen und erholst dich von der ausgestandenen Gefahr.«

»Es war gar nicht gefährlich«, sagt Abdulmesih leichthin.

Da wird Safar ernst. »Du!« sagt er mit Nachdruck und hebt die Augenbrauen. »Nimm das nicht zu leicht. Nur weil es Nacht ist und du die Gefahr nicht sehen kannst, heißt das nicht, dass sie nicht da ist.«

Am Abend liegt Abdulmesih wach im Bett und denkt nach, er kann noch nicht schlafen. Das Haus seines Bruders ist groß und modern, und man merkt, dass er Geld hat. Auch das Bett ist groß und sehr bequem. Es flößt Abdulmesih Bewunderung ein, dass er das alles, von dem er bisher nur aus Briefen gewusst hat, jetzt tatsächlich zu Gesicht bekommt. Sein großer Bruder hat es zu Wohlstand gebracht, das ist klar zu erkennen, und zwar durch Mut und Willen und seiner Hände Arbeit. Abdulmesih atmet durch, gleitet langsam in ein halbes Dämmern hinüber, in dem Vergangenes und Zukünftiges in schattenhaften Gestalten und Bildern durcheinanderflirren, und schläft schließlich ein.

Kapitel 2

Ein paar Tage später bekommt Abdulmesih nun auch den Betrieb zu Gesicht. Wahrhaftig, es ist eine richtige Baufirma, mit verschiedenen Abteilungen, mit Arbeitern und Vorarbeitern, mit Lager, Werkzeughalle und Fuhrpark, und Abdulmesihs Bewunderung wächst noch mehr. All dies hat Safar in den knapp anderthalb Jahrzehnten, die er in Syrien ist, auf die Beine gestellt. In dieser Baufirma wird alles gemacht: vom Fundament über die Mauern bis zum Dach, Leitungen, Rohre, Wohnhäuser, Geschäftshäuser. Abdulmesih beginnt, als Zimmermann zu arbeiten. Die Verständigung klappt gut und wird rasch noch leichter, Abdulmesih fügt sich mit seiner Arbeit problemlos ein, und Safar merkt schnell, dass er einen fleißigen, anpassungsfähigen und verantwortungsbewussten Mitarbeiter gewonnen hat, dem er überdies noch persönlich so nahesteht. Und er denkt sich: ›Der Mesih ist eigentlich auch ein Unternehmer.‹ Nach ein paar Monaten macht er ihn zum Abteilungsleiter.

Der Winter naht. Die Arbeit wird weniger, und Abdulmesih will zurück in die Heimat. Er tauscht seinen Verdienst in türkische Lira und ist vor Aufregung fast erschrocken über die Summe, die er in Händen hält und die er jetzt nach Hause trägt. Oh ja, das hat sich gelohnt! Auch diesmal geht an der Grenze alles glatt, und die Heimat hat ihn glücklich wieder.

Und so geht es nun jahraus, jahrein: im Sommer in Syrien und im Winter zuhause. Der Schleuser lacht und raucht stets wie eh und je, bis ihm eines Nachts das Lachen im Halse stecken bleibt.

Mit seinem bewährten Kunden Abdulmesih schleicht er zu Beginn des Winters 1956 wie gewohnt durch die graue Nacht – da, plötzlich: aufgeregte Stimmen und türkisch geschriene Befehle:

»Halt, stehengeblieben!«

Erwischt! Vor Schreck zuckt Abdulmesih reflexhaft zurück, aber der Schleuser hält ihn ebenso reflexhaft fest:

»Komm bloß nicht auf die Idee wegzulaufen«, zischt er ihm zu, »die knallen dich ab.«

Sie werden gepackt und unsanft abgeführt. Im funzeligen Licht einer schäbigen Polizeistube bauen sich schließlich zwei bewaffnete türkische Grenzbeamte vor ihnen auf. Abdulmesih und sein Schleuser sitzen auf zwei wackeligen Stühlen, es ist sehr früher Morgen, die Stimmung ist seltsam still und dumpf. Der Schleuser hat seine Ruhe inzwischen scheinbar wiedergefunden, er macht schon wieder Scherze, bemüht sich um gute Stimmung und lotet offensichtlich seine Chancen aus, die beiden Türken, die misstrauische Blicke wechseln, mit irgendetwas zu bestechen.

»Zigarette? Kommt, greift zu!«

Die beiden bedienen sich und fangen an zu rauchen, werden aber kein bisschen freundlicher.

Einer setzt sich an den Schreibtisch, nimmt Stift und Papier und fragt: »Woher kommt ihr?«

»Na, woher werden wir kommen«, sagt der Schleuser und lacht jovial, »von hier natürlich, wir sind ja Türken.«

»Zeig mal deine Papiere. Und der andere da auch.«

»Hier bitteschön.«

»Was macht ihr hier?«

»Wieso, was meinst du, Herr Offizier? Wo sind wir denn hier?«

»Lass die Faxen, Freundchen«, ruft der andere drohend dazwischen, »sonst kriegst du Probleme!«

»Hier«, sagt der andere betont, »ist Grenzgebiet, und ihr wart gerade drüben.«

»Was? Da haben wir uns verlaufen!«

»So, um diese Tageszeit?«

»Freundchen«, lässt sich der andere wieder vernehmen, »ich warne dich!«

So geht es eine Weile hin und her. Abdulmesih hört zu, und ihm wird angst und bange. Die Lügen des Schleusers kommen ihm so dermaßen plump und offensichtlich vor, dass ihm fast schlecht wird. Wohin soll das alles führen?

Aber es passiert fürs Erste nicht viel. Ihre Personalien werden notiert und die Ausweise einbehalten. Beide wandern in eine improvisierte Zelle, bis der Morgen graut. Der Schleuser ist guten Mutes, und wenn Abdulmesih fragt: »Und was jetzt?«, winkt er lachend ab, lehnt sich an die Wand und döst.

Am Morgen taucht ein verschlafener Vorgesetzter auf, lässt sich einen Kaffee servieren, raucht, hört sich an, was vorgefallen ist, trinkt einen zweiten Kaffee und betrachtet beim dritten Kaffee die Ausweispapiere. Er wirkt noch humorloser als die beiden Grenzbeamten, lässt Abdulmesih und den Schleuser vorführen, und während er einen vierten Kaffee trinkt, erklärt er ihnen gelangweilt und ohne erkennbare Regung:

»Sieht aus, als wärt ihr Spione.«

»Spione?« ruft der Schleuser belustigt. »Wir?«

Der vorgesetzte Offizier hebt nur den Zeigefinger und sagt ganz ruhig: »Mund halten. Ist offensichtlich: Ihr seid Türken und kommt nachts illegal aus Syrien herübergeschlichen. Warum wohl? Sieht aus wie Geheimnisverrat, wenn du mich fragst.«

Jetzt erschrickt Abdulmesih, das kann übel ausgehen. »Herr Offizier, ist es erlaubt?«

Der Offizier hebt nur leicht das Kinn.

»Herr Offizier, auf Ehre, wir sind keine Spione. Ich bin nur ein armer türkischer Handwerker, der im Nachbarland arbeiten wollte, weiter nichts. Und dieser mein Freund hat mir dabei geholfen.« Abdulmesih weiß nicht, ob diese annähernde Wahrheit besser ist als die Märchen seines Schleusers, aber er kann das Lügen nicht mehr aushalten.

»Na ja«, meint der Offizier nach einer Pause und gähnt, »wie ich schon sagte: Geheimnisverrat. Ihr wandert vor Gericht.«

Es folgen sorgenvolle Stunden und Tage. Man führt Abdulmesih umgehend unter strenger Bewachung vor einen Justizbeamten. Der hört sich die Sache kaum an, sondern besieht sich die Aktenlage und erkennt, dass er nicht zuständig ist.

»Schwerwiegend«, sagt er nur, »wird an höherer Stelle entschieden.«

Weiter geht es in die Provinzhauptstadt Mardin, dort steht Abdulmesih vor dem Staatsanwalt. Wie kann er ihn davon überzeugen, dass er kein Spion ist?

»Das weiß ich nicht«, sagt der Staatsanwalt weder unfreundlich noch freundlich. »Das hätten Sie sich vorher überlegen sollen. Sie wurden beim illegalen Grenzübertritt festgenommen, alleine das ist strafbar. Was hatten Sie in Syrien zu tun?«

»Ich habe gearbeitet.«

»Ja, das hatten wir schon, aber wo?«

Abdulmesih weiß nicht, was er sagen soll. Er kann doch nicht von seinem Bruder anfangen. »Auf der Baustelle, als Schreiner und Zimmermann.«

»Auf welcher Baustelle.«

»Auf verschiedenen, hier und da ...«

»Sehen Sie«, sagt der Staatsanwalt, »das ist genau das Problem, dass Sie nicht alles sagen. Wie soll man denn solche Angaben überprüfen?«

»Das weiß ich nicht, Herr Staatsanwalt.«

»Sehen Sie.« Nach einer Pause fährt der Staatsanwalt aber plötzlich in anderem Ton fort: »Jetzt hör mal her, junger Mann: Als Mensch glaube ich dir schon, dass du kein Spion bist, da müsste ich mich sehr täuschen. Aber als Staatsanwalt kann ich dich nicht davonkommen lassen. Was ich tun will, ist: Ich erspare dir – und deiner Familie, für die du sorgst, wie ich vermute, wenn ich dich so ansehe – ich erspare dir eine Verurteilung zum jetzigen Zeitpunkt. Allerdings besteht der Spionageverdacht nach wie vor. Du bleibst bis auf Weiteres unter behördlicher Aufsicht, bis der Verdacht ausgeräumt ist, und wirst nur gegen Kaution entlassen.«

»Danke, Herr Staatsanwalt.«

Fürs Erste ist Abdulmesih erleichtert, immerhin darf er – wenn auch immer noch unter Bewachung – wieder zurück zu seiner Familie, die sich schon die ärgsten Sorgen macht. Hier in Midyat hinterlegt er die Kaution und ist endlich wieder frei und dankt seinem Gott. Aber jetzt hat ihn die Staatsmacht im Visier und lässt ihn nicht aus. Gleich am nächsten Tag muss er beim Militär zur Musterung anrücken.

»Voll tauglich«, bescheidet ihm der Musterungsbeamte mit soldatischem Nachdruck, »willkommen bei der Truppe! Erwarten Sie umgehend den Stellungsbefehl!«

Der kommt schon nach wenigen Tagen: Abdulmesih wird einberufen zum Militärdienst in Manisa. In der Familie herrscht Bestürzung: Manisa liegt ganz am anderen Ende der langgestreckten Türkei, im westlichen Teil Anatoliens, fast am Mittelmeer. Viel weiter könnte man Abdulmesih nicht wegschicken, in Manisa jedenfalls werden ihm keine heimlichen Grenzübertritte einfallen. Zum Packen bleiben ihm wiederum nur ein paar Tage.

Am Tag der Abreise weint Mutter Sara, deren Jüngster jetzt nach einem Ort verschwindet, von dem sie keinerlei Vorstellung hat, eineinhalbtausend Kilometer weit weg. Sie segnet Abdulmesih, wünscht ihm Kraft und erinnert ihn an Gott. Sie hat keine Ahnung, wie man sich einen Christen im türkischen Militär vorzustellen hat, und Abdulmesih auch nicht. Wie wird es ihm da ergehen? Abdulmesih ist nicht frei von Angst, aber entschlossen, sich nicht einschüchtern zu lassen.

»Mutter«, sagt er und fasst ihre Hände, »ich weiß, wer ich bin und woher ich komme, sorge dich nicht. Ich werde schreiben und euch alles wissen lassen.«

Vor Abdulmesih liegt nun eine kleine Weltreise. Mit dem Bus fährt der offiziell Neunzehnjährige nach Diyarbakır und von dort mit dem Zug nach Manisa. Die Stadt ist annähernd dreimal so groß und bevölkert wie Midyat, auch das Klima ist völlig anders, deutlich wärmer. Christliches kann er hier nicht entdecken, dafür osmanische und seldschukische Moscheen und Medresen. Auf seiner langen Zugfahrt ist Abdulmesih auch durch weite und arme Landstriche gekommen, Manisa aber macht einen reichen Eindruck, es ist eine alte Residenzstadt der Sultane.

Wo findet er hier nun die Kaserne?

An der Pforte meldet er sich, weist seine Papiere vor und kommt zur schweren Infanterie. Die Kaserne ist weitläufig und nicht ganz leicht zu überblicken, offenbar gibt es hier viel Personal. Männer in braunen Uniformen und mit gleichem, kurzem Haarschnitt eilen zielstrebig durch Flure und über das Gelände. Abdulmesih muss sich orientieren. Schließlich findet er seinen Schlafsaal, in dem sich alsbald alle jungen Rekruten versammeln sollen.

»Aus welchem Grund, was findet hier statt?« fragt Abdulmesih einen Bettnachbarn.

»Islamkunde.«

Abdulmesih schluckt, offenbar hat das Schicksal es so eingefädelt, dass die erste Probe nicht lange auf sich warten lässt. Dann strafft er sich innerlich und wartet, was kommt.

Es kommt der Hauptmann der Kompanie, auch er in Uniform, mit einer Brille und mit kurzen, lichten Haaren – ein eher kleiner Mensch, der ohne Uniform ganz gemütlich wirken könnte. Markiges Auftreten liegt ihm offenkundig fern. Trotzdem nehmen alle selbstverständlich Haltung an. Der Hauptmann nickt und schaut freundlich in die Runde.

»Rekruten«, spricht er wenig spektakulär, »ich grüße Sie. Hoffe, Sie haben sich gut eingefunden. Nun, Sie wissen es, vor dem Schlafengehen ist der Religionsunterricht an der Reihe. Nehmen Sie Platz.«

Alle setzen sich.

»Wir sind, Sie wissen es«, fährt er fort und geht auf und ab, »die Streitkräfte eines Staates, der sich seit dem großen Atatürk die Säkularität auf die Fahne geschrieben hat. Gleichwohl hat der Islam seinen unumstößlichen Platz nicht nur in unserem Staat, sondern vor allem auch bei uns, den Streitkräften. Wir stehen ein für unser Vaterland, aber auch für unseren Glauben. Deshalb gehört der Islamunterricht zu Ihrer Ausbildung. Nun«, sagt er, bleibt stehen und schaut in die Runde, »in unserer schönen Türkei gibt es gleichwohl verschiedene religiöse

Bekenntnisse, nicht nur unseren Islam. Ist also einer unter Ihnen, der kein Muslim ist?«

Abdulmesih hört das, als wäre die Frage eigens an ihn gerichtet. Obwohl der Hauptmann weiter freundlich wirkt, kann Abdulmesih nicht einschätzen, was sich hinter der Frage verbirgt und welche Konsequenzen folgen können. Aber er überlegt nicht lange, sondern hebt entschlossen die Hand.

»Aha«, sagt der Hauptmann, »dann kommen Sie bitte mal her, Rekrut.«

Abdulmesih erhebt sich und geht nach vorn – was passiert jetzt mit ihm, was hat der Hauptmann vor? Aus der Nähe sieht er fast noch freundlicher aus.

»Was also sind Sie?« fragt er.

»Ich bin Aramäer, Herr Hauptmann.«

»Aramäer?«

»Syrisch-orthodoxer Christ, Herr Hauptmann.«

»Ach, ich verstehe, Sie kommen wohl aus dem Südosten.«

»Jawohl, Herr Hauptmann.«

Der Hauptmann legt den Finger an die Lippen und denkt kurz nach. »Aramäer«, beginnt er nach einer Weile, »hm, und woran glauben Sie, als Aramäer?«

»An Gott natürlich, Herr Hauptmann, woran sonst?«

»Aha, aber ist Ihr Gott auch mein Gott?«

»Aber Herr Hauptmann, Sie wissen selbst: Es gibt keinen Gott außer Gott.«

Der Hauptmann lächelt. »Ja, ganz recht, eine schöne Antwort. Und was ist eure Heilige Schrift? Ihr habt doch sicher eine.«

»Die Bibel, Herr Hauptmann.«

»Die Bibel? Nun, die gilt ja auch uns Muslimen als heilig. Hm, so kennt ihr auch Moses und die Propheten und Maria und Jesus?«

»Allerdings, Herr Hauptmann.«

»Hm, und so glaubt ihr auch an die Güte Gottes und seine Menschenfreundlichkeit.«

»Gewiss, Herr Hauptmann.«

Der Hauptmann, der die ganze Zeit nicht aufgehört hat zu lächeln, sagt: »Das ist gut, Rekrut, sehr gut. Nun, ich will Sie als einen Christen nicht zur Islamkunde nötigen, es sei denn, Sie möchten teilnehmen.«

Jetzt nimmt Abdulmesih all seinen Mut und Stolz zusammen und erwidert freundlich, aber bestimmt:

»Wenn es erlaubt ist, Herr Hauptmann, möchte ich der Islamkunde fernbleiben.«

»Es ist erlaubt«, sagt der Hauptmann, ohne mit der Wimper zu zucken, »Sie sind frei. Vielleicht halten Sie sich in der Kantine auf, bis das Trompetensignal zur Nachtruhe ertönt. Sie können wegtreten.«

Abdulmesih nimmt Haltung an, grüßt und verlässt den Raum. Vor der Tür atmet er durch und lacht. Das hat er richtig gemacht. Ihm fällt das Jesuswort aus dem Evangelisten Johannes ein: ›Die Wahrheit wird euch frei machen.‹

»Alle Achtung, du traust dich was«, sagt später, als sie die Betten zurechtmachen, ein anderer junger Rekrut halblaut zu Abdulmesih.

»Was traue ich mich?«

»Na, dich als Christ zu bekennen.«

»Als was sonst?«

»Ja«, sagt der andere nachdenklich, »recht hast du, als was sonst? Ich hab trotzdem nichts gesagt.«

»Was hast du nicht gesagt?«

»Dass ich auch einer bin, ein Christ.«

Abdulmesih freut sich. »Du auch?«

»Ja, ich auch, aber ich hatte Angst.«

Das versteht Abdulmesih, und auch wieder nicht. »Angst, wovor? Es ist erstens nichts passiert, außer dass ich vom Islamunterricht freigestellt worden bin. Und zweitens ist Angst das Falsche. Unser Herr Jesus Christus sagt doch immer, wir sollen uns nicht fürchten.«

»Ja, ich weiß, aber das kann ich doch nicht durch schieres Wollen.«

»Durch schieres Wollen nicht, aber durchs Tun. Du musst einfach schneller sein als die Angst und darauf vertrauen, dass du niemals allein bist.«

Abdulmesih findet heraus, dass in der 110 Mann starken Kompanie insgesamt drei Christen sind. Aber nur er hat sich gemeldet.

Gleich anderntags muss die ganze Kompanie der frischgebackenen Rekruten zum Appell antreten. Einige werden zum Küchendienst eingeteilt, während die anderen auf dem Trainingsplatz ihren Körper in verschiedenen Gangarten ertüchtigen dürfen – das ist der sogenannte Grunddienst. Abdulmesih muss aber nur selten auf dem Bauch durchs Gelände robben, denn für ihn als Schreiner gibt es weitaus sinnvollere Einsatzmöglichkeiten. Es ist genauso, wie er es damals zu seinem Schullehrer gesagt hat: Schreiner werden immer gebraucht. Und in der Kaserne gibt es viel zu reparieren.

»Sie machen das sehr ordentlich, Rekrut«, lobt man ihn, »und hier wäre auch schon gleich das Nächste.«

Nach vier Monaten Grunddienst werden etliche Truppen verlegt. Die Reise geht mit dem Bus nach Norden, nach Bandırma am Marmarameer. Von dort bringt sie eine riesige Fähre innerhalb einiger Stunden in die etwa 150 Kilometer entfernte Hafenstadt Yalova. Der junge Abdulmesih aus dem fernen Hochland des Tur Abdin sieht und riecht zum ersten Mal in seinem Leben das gewaltige Meer. Er schaut mit schmalen Augen an den fernen Horizont, der Wind bläst ihm kühl um die Ohren, und sein Herz wird weit und froh. Auch das Meer ist alt, älter sogar als der Tur Abdin, es ist am Anfang der Schöpfung das Erste, woraus alles Lebendige aufsteigt. Zugleich ist es aber so frisch und bewegt, so unbegrenzt und tief und ganz lebendig. Und dahinter, hinter dem Meer, dort hinter dem Horizont? Was für Leben werden wohl dort gelebt?

In Yalova geht die Fähre vor Anker, und wahre Hundertschaften von Soldaten strömen an Land und werden wie eine riesige Schafherde zusammengetrieben. Offiziere aus unterschiedlichen Regimentern warten schon auf die Ankömmlinge, um sie je nach Bedarf zu rekrutieren. Zuerst darf der Oberst der Militärpolizei, ein schneidiger Mann in seinen Fünfzigern, seine Leute auswählen, zwölf braucht er, und Abdulmesih ist gleich mit dabei. Alles geht so schnell und ist zugleich so überraschend, dass er kaum mitkommt. Dann muss er innerlich lachen: Der Spion als Militärpolizist, das ist auch eine Laufbahn! Die Laufbahn eines aufgeweckten Aramäers im türkischen Heer.

Sofort geht es mit dem Bus eineinhalb Stunden weiter nach İzmit, hier ist seine neue Kompanie stationiert, im äußersten Nordwesten der Türkei, 90 Kilometer östlich von İstanbul. Spätabends kommen sie an, alle sind hundemüde und legen sich direkt in ihre Betten, aus denen sie am nächsten Morgen im Befehlston wieder herausgeholt werden.

»Auf geht's, alle Mann in den Bus!« ruft ein Offizier mit rauer Ironie.

Man wechselt verschlafene Blicke. »Wohin soll's denn gehen?« fragt einer.

»Nicht fragen! Tempo, die Herren, nicht so faul!«

Abdulmesih hat es gestern schon gemerkt: Hier herrscht ein besonderer Ton, an den er sich erst noch gewöhnen muss, der ihm aber nicht schlecht gefällt.

Sie steigen in den Bus, schaukeln durch die Straßen, und am Ende folgt eine wundersame Überraschung.

»So, aussteigen, die Herren!«

Wo sind sie gelandet, was ist das hier? Das türkische Bad!

Abdulmesih kann sich nicht erinnern, ob er schon jemals so porentief sauber war. Fast strahlend vor Sauberkeit, so kehrt die Truppe wieder zurück zum Stützpunkt, wo alle komplett frisch eingekleidet werden, von der Unterwäsche bis zu den Schuhen. Nicht zum ersten Mal hat Abdulmesih den Eindruck, dass er ein Glückspilz ist.

Kapitel 3

Kaum eine Woche später tritt der Leutnant vor die Neuen:

»Männer, herhören, Frage: Ist unter euch vielleicht ein Schreiner?«

Abdulmesih hebt die Hand. »Ja, Herr Leutnant, ich bin Schreiner.«

Der Leutnant tritt an ihn heran. »Aha, richtig gelernter Schreiner?«

»Natürlich, Herr Leutnant, richtig gelernt. Und mit Berufserfahrung im Baugewerbe, mehrere Jahre.«

»Prächtig, sehr gut, du bist mein Mann. Mitkommen!«

Abdulmesih folgt ihm in sein Büro, wo er Platz nehmen soll, während der Leutnant ihn ein wenig spitzbübisch fragt:

»Wie findest du denn euren Schlafraum?«

»Unseren Schlafraum?«

»Ganz recht, euren Schlafraum, wie findest du ihn?«

»Ja«, beginnt Abdulmesih zögerlich, »was soll ich sagen …« Er weiß nicht, worauf das hinaussoll.

»Sprich ganz offen.«

»Es ist halt ein Schlafraum …«

»Ja, nur weiter.«

»Man kann darin schlafen.«

»Hm. Gut schlafen?«

»Wenn ich ehrlich sein soll …«

»Sollst du ja gerade.«

»Es ist recht eng darin.«

»Aha!« ruft der Leutnant und lässt die Hand flach auf den Tisch fallen. »Eben, siehst du? Euer Schlafraum ist zu klein, natürlich ist er zu klein, viel zu klein, das sieht doch jedes Kind, es traut sich nur keiner, was zu sagen. Aber so geht's nicht, man muss anständig schlafen können. Deshalb haben wir euch noch einen zweiten Schlafraum zugeteilt, noch mal ungefähr 50 Quadratmeter groß. Was sagst du?«

»Das ist gut, Herr Leutnant.«

»Seh ich genauso. So, aber jetzt kommt der Punkt: Der zweite Schlafraum hat noch keine Betten. Und für die brauchen wir einen Schreiner. Nämlich wen?«

Abdulmesih strafft sich innerlich, bleibt äußerlich aber nüchtern. »Ach so, ich verstehe, ich soll die Betten bauen.«

»Ganz recht, die Betten bauen. Also zuerst natürlich die Maße nehmen von dem Raum und so weiter, und dann zweistöckige Bettgestelle anfertigen für ungefähr 30 Leute. Schaffst du das?«

»Aber Herr Leutnant, ich bin Schreiner.«

»Eben. Folgendermaßen hab ich mir das gedacht: Ich gehe mit dir zu einer örtlichen Schreinerei und zum Holzhändler und so weiter, da besorgst du dir alles Nötige an Werkzeug und Material, und dann sagst du mir, wie viele Helfer du brauchst, und dann geht's los. Alles klar?«

»Natürlich, Herr Leutnant.« Abdulmesih nickt professionell und freut sich wie ein König. Nicht nur weil diese Art von Spezialauftrag eine Auszeichnung ist, sondern weil er obendrein selbständig und sinnvoll arbeiten darf.

Er nimmt die Maße, macht Entwürfe und fertigt zusammen mit zwei Helfern innerhalb der nächsten acht Wochen sämtliche Gestelle an. Danach werden sie in den künftigen Schlafraum geschafft und fertig montiert.

»Freunde«, sagt Abdulmesih zu seinen beiden Helfern und klatscht ihnen auf die Schulter, »und jetzt sagen wir dem Leutnant Bescheid.«

Der kommt alsbald, baut sich im Türrahmen auf, indem er die Hände in die Seiten stützt, und ruft:

»So, aha!«

Dann tritt er heran, um sich die Sache aus der Nähe zu betrachten. Er streicht mit der Hand an den Gestellen entlang, rüttelt an ihnen, um die Stabilität zu prüfen, schaut von unten und oben, klopft auf das Holz und lauscht andächtig auf den Klang. Dann atmet er durch und nickt.

»Ja«, sagt er, »ja«, wendet sich an Abdulmesih und die beiden anderen, kneift die Augen zusammen und wiederholt: »Ja. Männer, ich muss sagen: Ihr habt eine tadellose, solide Arbeit abgeliefert, nicht nur stabil, sondern auch noch formschön. Dafür belobige ich euch mit Nachdruck, so kommt das auch als Vermerk in eure Akte, das nur nebenbei. Fabelhafte Arbeit, Männer! Ich bin äußerst zufrieden!«

Der Leutnant lacht und schüttelt allen dreien die Hand, Abdulmesih besonders lange und kräftig. »Übrigens«, ergänzt der Leutnant vielsagend, »wir haben hier in der Kaserne noch so ein paar Büros und Küchen und Aufenthaltsräume und Schlafräume und so weiter, wo man so dies und das reparieren müsste!«

»Ich verstehe, Herr Leutnant«, sagt Abdulmesih fröhlich.

»Ist auch nicht so schwer zu verstehen«, erwidert der Leutnant immer noch lachend, fasst ihn am

Oberarm und schließt: »Du bist ein tüchtiger, zuverlässiger junger Soldat. Aus dir wird noch was.«

Auch die nächsten Tage hat der Schreiner Abdulmesih gut zu tun. Spätestens jetzt kennt ihn jeder in seiner 80 Mann starken Kompanie.

Eines Tages erscheint sein Oberleutnant bei ihm, ein hagerer Mann von etwas sprödem Ernst.

»Soldat«, sagt er, »man befördert mich zum Obersten und versetzt mich nach Gelibolu. Nehmen Sie sich ein, zwei Leute und bauen Sie mir Kisten, in denen für den Umzug meine Sachen verstaut werden können, meine Möbel und Sonstiges. Wollen Sie das tun?«

»Sicher, Herr Oberleutnant, Herr Oberst meine ich.«

»Schön. Aber Oberst bin ich erst in Gelibolu. Sie müssen wohl Maß nehmen, nicht wahr? Wann können Sie kommen?«

»Ich kann sofort kommen, Herr Oberst, Herr Oberleutnant.«

»Gut, also dann.«

Abdulmesih nimmt seinen Zollstock, folgt dem Oberleutnant in seine Wohnung und sieht sofort, dass es hier einiges zu verpacken gibt: schöne, auch große Möbel und einen umfangreichen Hausrat. Der Oberleutnant lebt offenbar in angenehmem Wohlstand. So einen Wohlstand hätte man wohl selber ganz gern. Abdulmesih macht sich an die Arbeit, aber dann hält er inne, denkt kurz nach und fasst sich ein Herz.

»Herr Oberleutnant, bitte um Erlaubnis, eine Frage zu stellen, die mich schon länger bewegt.«

»Fragen Sie nur.«

»Ich möchte sehr gern Unteroffizier werden – glauben Sie, ich bin dafür geeignet?«

Der Oberleutnant betrachtet ihn und spitzt ein paarmal die Lippen. Dann legt er den Kopf ein wenig zur Seite. »Interessant, ich habe mich schon gefragt, ob Sie das Thema wohl anschneiden würden. Unteroffizier, ja. Sie sind ein fleißiger, loyaler Soldat, sind ein selbständiger, geradliniger Mensch, Sie können andere anleiten und gut mit ihnen zusammenarbeiten. Ja, Unteroffizier. Wer, wenn nicht Sie?«

»Schicken Sie mich auf den Unteroffizierslehrgang, Herr Oberleutnant?«

»Genau das tue ich.«

Der Lehrgang findet in Seymen statt. Am 7. Oktober 1957 trifft Abdulmesih dort ein, anderntags wird er zum Schriftführer ernannt und schreibt von jetzt an im Schein einer Petroleumlampe den täglichen Übungsplan. Der Kurs umfasst 89 Teilnehmer, und als Abdulmesih nach drei Monaten am 10. Januar 1958 das Abschlussdiplom in Händen hält, hat er als Bester abgeschnitten. Vor neun Tagen ist er – nach offizieller Zählung jedenfalls – 21 geworden.

So kommt er wieder zurück zu seiner Kompanie nach İzmit, wo nach dem Weggang des Oberleutnants inzwischen ein neuer Major zum Kommandanten ernannt worden ist, ein Mann mit rundem Kopf und Schnauzbart.

Der bestellt den frischgebackenen Unteroffizier Abdulmesih in sein Büro, beglückwünscht ihn zu seinem hervorragenden Abschluss und erklärt ihm mit zwei erhobenen Zeigefingern:

»Als Unteroffizier, das wissen Sie, stehen Sie nun ganz anders in der Verantwortung für Ihre Truppe. Sie sind nun in der Position, weitreichende Pflichten zu übernehmen und Befehle zu erteilen. Lassen Sie sich also vom Leutnant in Ihre neuen Aufgaben einweisen. Und nochmals: Gratulation!«

»Danke, Herr Major.«

Zu den neuen Aufgaben, die ihm nun zuwachsen, gehören zum Beispiel das Einteilen und Kontrollieren der Wachtposten, das Überwachen der Sauberkeit in den Räumen sowie das Hissen und Einziehen der Fahne – ein äußerst wichtiger symbolischer Ritus, den Abdulmesih jeden Samstag um 13 Uhr vorschriftsgemäß ausführt.

Auch an der Ausbildung der Neuen, die jedes Jahr dazustoßen, ist er beteiligt und teilt sie zu Wach- und Streifendiensten ein. Und manchmal erfordern seine neuen Pflichten auch strenges Durchgreifen: Trifft er auf Soldaten draußen in der Stadt, wo sie eigentlich nichts zu suchen haben, und haben sie keine Erlaubnis zum Freigang, nimmt er sie fest und steckt sie in die Arrestzelle. Denen blüht dann eine Disziplinarstrafe.

Auch wenn der Weltkrieg natürlich lange vorbei ist, sind die Zeiten nicht unbedingt ruhig. In dem von Griechen und Türken bewohnten Zypern, das unter britischer Kolonialhoheit steht, spitzt sich in diesen Jahren ein Konflikt zu, der in einen Krieg zu münden droht. Im April 1955 sind in Nikosia mehrere Bomben explodiert, griechische Untergrundkämpfer wollen die Vereinigung Zyperns mit Griechenland erreichen; ein halbes Jahr später kommt es in İstanbul zu einem Pogrom gegen die dort lebende griechische Minderheit. Die wachsenden Unruhen zwischen Türken und Griechen werden zudem von den britischen Kolonialherren, die sich eine Stärkung ihrer eigenen Macht versprechen, gezielt gefördert – nach der alten Weisheit: Wenn zwei sich streiten, freut sich der Dritte. Wohin wird das führen?

Das alles weiß Abdulmesih, und er weiß auch, dass er als Unteroffizier im Falle eines Krieges in Kampfhandlungen geraten kann. Aber er lebt in der Überzeugung, dass der Gang seines Lebens, der ihm schon jetzt oft genug wundersam vorkommt und unter einem guten Stern zu stehen scheint, ihn an ebendiesen Ort und in diese Position geführt hat. Auch wenn er der einzige Christ weit und breit ist, kommt er sich nicht fehl am Platze vor, sondern dazu aufgefordert, seinen Mann genau dort zu stehen, wo er von seinem Gott hingestellt worden ist. Fühlt er sich als Türke? Warum nicht, es widerspricht nicht seinem tieferen Wissen, ein Aramäer zu sein. Das ist seine Wurzel, sein Wesen, und das Türkischsein ist sein Gewand.

Neun Jahre später, 1966, wenn er sich vor seinem Aufbruch ins Unbekannte an diese Jahre zurückerinnert, wird ihm klar, dass er seine Wurzeln niemals hinter sich lässt. Sondern dass es möglich ist, Türke zu sein unter Türken oder Deutscher unter Deutschen, und zugleich im Herzen Aramäer.

Noch aber ist er in İzmit in der Kaserne, es ist der Frühling des Jahres 57, ein sonniger, heiterer Samstagmittag. Der Fahnenritus ist erledigt, und Abdulmesih schaut aus dem Fenster. Direkt vor ihm liegt das wunderbar blaue Meer, er lässt seine Blicke in die Ferne und Nähe schweifen und schnuppert in die frische Seeluft. Der Wind bläst heute ganz ordentlich, und dort drüben bauschen sich eindrucksvolle Wolken. Unten am Kai sammeln sich Schüler und Studenten, eine ganze Menge, bestimmt 300 junge Menschen, die übers Wochenende nach Hause in ihre Dörfer und Städte längs der Küste wollen. Sie warten auf ihre Fähre, laufen durcheinander, fuchteln mit den Händen, lachen, einige spielen Fußball, es ist ein gemütlicher Anblick. Abdulmesih lacht leise. Dann legt die Fähre an, alle strömen an Bord, und die Fähre sticht in See.

Abdulmesih spaziert über den Hof und wirft einen Blick nach der knatternden Fahne. Er bleibt stehen. ›Hm‹, denkt er sich, ›der Wind wird immer schärfer, zerrt ganz schön an dem Stoff.‹ Tatsächlich lösen sich an der unteren Ecke schon einige Fäden. Die Fahne herunterzunehmen ist aber nicht vorgesehen. Als Abdulmesih kaum eine Viertelstunde später erneut zum Himmel schaut, ist er mit niedrigen, grauen, eilenden Wolken überzogen. Die rasche Veränderung ist unheimlich. Der Wind hat sich zum Sturm ausgewachsen. Wie wird die Fahne das mitmachen? Wahrhaftig, sie reißt vom Mast herunter. Plötzlich ein Alarmsignal, alle laufen durcheinander, was ist passiert? Alle stürzen an die Fenster. Die Fähre, wo ist die Fähre? Befehle erschallen:

»Sofort alle Busse und Transportfahrzeuge klarmachen und runter damit an den Strand!«

Die Fähre ist gesunken.

Fischer brechen mit ihren Booten und Kuttern zur Unglücksstelle auf, aber sie ist viel zu weit draußen, nur wer zufällig schon in der Nähe ist, kann helfen. Vom Strand aus, wo Abdulmesih mit den anderen bange wartet, kann man das Geschehen dort draußen kaum verfolgen, der Sturm tobt immer noch, man schreit durcheinander, jedem fällt irgendetwas Besseres ein, mehr Rettungsschiffe, schnellere Boote, auch in Abdulmesih arbeitet das Grauen, es muss doch eine Lösung geben! Aber auf einmal, während ringsum Natur und Menschen durcheinandertoben, wird etwas in ihm still. Er weiß: Es wird nicht gut ausgehen. Was tun? Beten natürlich, was sonst, das ist das Einzige, was zu tun bleibt, und es ist auch das Sinnvollste. Viele sterben gerade dort draußen, das weiß er, und jeder braucht dabei einen höheren Beistand.

Die Überlebenden erreichen schließlich das Land und werden mit den Militärautos im Eiltempo in die nächsten Krankenhäuser gebracht. Es sind nur 28.

Auch abends betet Abdulmesih, und die ganze Nacht über steht das Bild der jungen Menschen vor ihm, die am Kai auf die Fähre warten. Er weint und schläft nicht ein. Für so viele Menschen muss er beten, für die Kinder, für deren Familien, auch für den Fährmann, es sind so viele, er kennt sie nicht einmal, und für jeden müsste es ein eigenes, persönliches, unterschiedliches Gebet sein: um Gnade, um Trost, um Beistand. Abdulmesih tut sein Möglichstes. Ganz am Schluss – doch nein, für sich selber bittet er nicht, das kommt ihm vermessen vor, aber er wünscht und hofft: dass er niemals mehr etwas so Furchtbares erleben muss.

Eine Woche später kommen die Politiker aus Ankara, Staatspräsident Celâl Bayar und Ministerpräsident Adnan Menderes, und es herrscht große Aufregung. Sie schütteln mit ernster Miene Hände, fahren aufs Meer hinaus, besichtigen die Unglücksstelle und lassen sich dabei fotografieren, wie sie Blumenkränze aufs Wasser werfen. Dann fahren sie wieder ab, und zurück bleibt eine bedrückende Stille, noch bedrückender als in den Tagen davor. Davor war das Unglück eine offene Wunde, jeder in İzmit kennt irgendeine betroffene Familie. Jetzt hat die Politik das alles beschlagnahmt.

Das Osterfest naht heran. Abdulmesih, obwohl außer ihm in seiner Kompanie nur Muslime sind, muss nicht zweimal überlegen, dass er Ostern feiern will. Das wird aber hier in İzmit kaum möglich sein, jedenfalls nicht in angemessenem Rahmen. Im nicht sehr weit entfernten İstanbul hingegen hat er einen gleichfalls christlichen Freund, Christyadis, mit dem er das Fest begehen könnte. Abdulmesih hat sein Christsein bisher vor keinem verborgen, und es fällt ihm auch jetzt nicht ein, zumal er weiß, dass er von allen auch als Soldat respektiert wird. Er geht also am Donnerstag vor Ostern zu seinem Major und bittet um Urlaub.

»Urlaub, ja, wofür?« fragt der Major von seinem Schreibtischstuhl aus.

»Um zum Osterfest nach İstanbul zu fahren.«

»Richtig, das ist ja eines eurer Feste. Was wird da noch gefeiert?«

»Die Auferstehung unseres Herrn Jesus Christus.«

»Die Auferstehung. Vom Tod, nicht wahr?«

»Genau, Herr Major.«

»Vom Tod, natürlich.« Der Major blickt nachdenklich auf seinen Schreibtisch und nickt ein paarmal stumm. »Gut also«, sagt er schließlich, »wie lange, vier Tage?«

»Das wird genügen, Herr Major, ich danke Ihnen.«

Mit einem Urlaubsschein über vier Tage steigt Abdulmesih am Karfreitag in den Zug. In İstanbul holt ihn Christyadis lachend und aufgeregt winkend vom Bahnhof ab, und beide fahren zu ihm nach Hause. Sie haben viel zu erzählen und freuen sich, diese hohen Feiertage gemeinsam verbringen zu können.

Anderntags kommen griechische Bekannte und Nachbarn zu Besuch, und Abdulmesih geht das Herz auf in diesem familiären Kreis. Man redet laut, isst lecker und lacht viel. Da, hoppla, ein weiterer Gast, ein Mädchen, bei dessen Anblick ihm ganz warm wird. Sie heißt Marika. Man stellt sich vor und ist freundlich zueinander – freundlich, oder vielleicht noch ein bisschen mehr?

Dann kommt die Osternacht. Abdulmesih begleitet Marika in ihren griechisch-orthodoxen Gottesdienst, und ihm kommt alles besonders feierlich und bewegend vor – der Weihrauch, der priesterliche Gesang, dazu die Nähe des schönen Mädchens, die ihn abwechselnd unruhig und froh macht, und die Ikonen und die Kerzen. Christus ist auferstanden, denkt Abdulmesih, er ist wahrhaft auferstanden.

Nach dem Gottesdienst gibt es das traditionelle gemeinsame Auferstehungsessen. An Ostern wird der Sieg des Lebens über den Tod gefeiert, der Sieg des Lichtes über die Finsternis, und so ist es auch:

Alle strahlen und sind fröhlich, das Zimmer ist viel heller als sonst, und Abdulmesih fühlt sich wie frisch auf der Welt. Man erzählt von sich.

»Abdulmesih heiße ich, ich komme aus Midyat, das liegt im Tur Abdin.«

»So weit weg!« ruft man. »Und was verschlägt dich hierher?«

»Der Militärdienst, ich bin in İzmit stationiert, aber eigentlich bin ich Schreiner.«

Und Abdulmesih erzählt von seiner aramäischen Herkunft und seiner Familie, von seiner Lehre und Arbeit, von seinen Abenteuern an der syrischen Grenze und seiner bisherigen Dienstzeit beim Heer. Marika hört genau zu, und als sie von sich erzählt, hört er ihr ebenso genau zu. Er merkt, wie gut er ihr zuhören kann, und ihm wird klar, dass er sie sehr mag.

Die Tage gehen schnell dahin, aber irgendwie bringt er es fertig, mit Marika mehrmals auszugehen, und als am Dienstag der Abschied kommt, sind beide unerwartet befangen.

»Und ich werde dir schreiben, Marika, ganz bald.«

»Ja, schreibe mir, ich schreibe dir auch.«

»Da werde ich mich sehr freuen.«

»Aber hast du auch meine Adresse, Abdulmesih?«

»Sicher, die hast du mir ja gegeben. Und mich erreichst du, indem du einfach an die Kaserne schreibst, aber das habe ich dir ja schon gesagt.«

»Ja, hast du.«

»Also behüte dich Gott, Marika.«

»Dich auch, Abdulmesih.«

Abends ist er wieder in İzmit, kann lange nicht einschlafen und lächelt versonnen. Aber dann kommen ihm Gedanken an die Zukunft – an die muss man denken! An Heirat, Familiengründung, Lebensunterhalt, Wohnort. Er denkt auch an seine Eltern und seine Heimat, die so fern sind. Endlich schläft er ein.

Kapitel 4

Abdulmesih und Marika schreiben einander Briefe, wie sie es sich versprochen haben. Jedes Mal, wenn er auf einem Umschlag ihre Handschrift entdeckt, wird ihm warm.

Seine gesamte Militärzeit dauert 24 Monate, während dieser Zeit hat er Anspruch auf insgesamt 45 Tage Urlaub. Davon nimmt er sich im Juli wieder ein Wochenende und fährt erneut nach İstanbul, um Marika zu treffen. Abends gehen sie zusammen ins Kino. Abdulmesih merkt aber, dass ihn der Film nur sehr am Rande interessiert. Anderntags spazieren sie durch die Stadt, besehen Bauwerke und Geschäfte und setzen sich in ein Teehaus. Alles kommt ihm so neu, so frisch und ungewohnt vor, auch er selber. Das gefällt ihm.

»Marika«, sagt er zu ihr mit leuchtenden Augen, »den August über nehme ich mir Urlaub und fahre in meine Heimat. Da werde ich meine Eltern fragen, ob sie unserer Verbindung zustimmen.«

Mitte August des Jahres 1957 nimmt er 30 Tage Urlaub und macht sich auf den langen, langen Heimweg. Je länger er fährt, desto vertrauter wird ihm alles, was er vom Zugfenster aus sieht, und er wird immer wacher, obwohl er eigentlich todmüde ist. Am Ende erblickt er seine Heimat. Was für Gefühle werden da in ihm wach! Es ist doch nichts auf der Welt mit diesem Ort zu vergleichen, mit diesem Ort seiner Vorfahren, seiner Glaubensgeschwister. Das alte, weite Land hat ihn wieder.

Auch seine Familie hat ihn wieder, es gibt Küsse und Tränen zur Begrüßung, Rufe, Umarmungen und wieder Tränen. Verwandte, Freunde und Bekannte kommen zu Besuch, und es gibt ein großes Hallo. Wieder zuhause! Aber täuscht er sich? Es ist nicht ganz genauso wie früher. Wenn er in einer stillen Minute seine Eltern beobachtet, denkt er manchmal: ›Etwas ist anders an ihnen. Oder bin ich es vielleicht selber, der anders geworden ist?‹ Ja, so wird es sein. Nicht seine Eltern sind älter geworden, er ist es. Er ist erwachsen, ein junger Mann mit Heiratsgedanken. Allerdings, wenn er daran denkt, wird ihm etwas beklommen. Ihm scheint, er müsse das Thema vorsichtig und behutsam einführen, dürfe Marika nicht vorschnell erwähnen, und so wartet er auf eine günstige Gelegenheit.

In der Heimat trifft Abdulmesih auch seinen Jugendfreund Yevsef wieder.

»Mensch Mesih!« ruft der begeistert und haut ihm auf die Schulter. »Wie schön, dass du ausgerechnet jetzt gekommen bist!«

»Wieso, was meinst du?«

»Mensch, in Mor Gabriel ist doch Ende des Monats Kirchweih! Da gehen wir hin!«

Natürlich, die Kirchweih in dem weithin berühmten Kloster Mor Gabriel! Es liegt nur drei Wegstunden entfernt, und zur alljährlichen Kirchweih pilgern die Menschen aus weitem Umkreis dorthin.

Das syrisch-orthodoxe Kloster Mor Gabriel ist uralt, eines der ältesten Klöster der Christenheit überhaupt, im Jahr 397 gegründet. Ein mächtiger, sandfarbener Komplex mit wunderbaren byzantinischen Mosaiken, in dem zuzeiten tausend Mönche lebten, ein geistliches Zentrum, einst vom römischen Kaiser beschenkt, das über viele Hundert Jahre hoch angesehene Gelehrte und Heilige hervorgebracht hat. Dorthin machen Abdulmesih und Yevsef sich nun auf den Weg.

In dem Dorf Mizizah kommen sie an einem Weinberg vorbei, der voll verlockender Trauben hängt. Aber neben dem Weinberg hat sich leider der

Besitzer niedergelassen und hält Wache. Da besinnt sich Abdulmesih auf die Uniform, die er trägt. Uniformen machen Eindruck, das hat er schon erfahren. Einem Soldaten stellt man sich ungern in den Weg, zum Beispiel im Zug, wenn der Soldat einen Sitzplatz sucht.

»Sie, guter Mann«, sagt Abdulmesih zu dem Weinbauern zwar höflich, aber mit militärischem Ernst, »kann ich von Ihren Trauben haben?«

Der Weinbauer steht eilig auf. »Trauben, natürlich, bedienen Sie sich.«

Abdulmesih bedankt sich freundlich und pflückt für Yevsef und sich eine schöne Portion. Mit der köstlichen Wegzehrung geht es weiter, bergauf und bergab, bis sie die Ebene erreichen. Vor ihnen liegt noch eine Stunde Weges.

»Moment mal«, sagt auf einmal Yevsef und bleibt stehen, »da ruft doch jemand.«

Tatsächlich, ein alter Mann ruft vom Berg herunter: »Seid ihr unterwegs nach Mor Gabriel?«

»Ja, sind wir!«

»Dann wartet, da will ich auch hin!«

Während der alte Mann sich nähert, hat Abdulmesih eine Idee.

»Du, Yevsef, wir machen uns einen kleinen Spaß, was meinst du? Ich tue so, als wäre ich nicht von hier, sondern aus der Westtürkei, und ich könnte auch kein Aramäisch, und wenn der Mann fragt, was ich hier tue, dann sagst du, ich hätte von dem berühmten Kloster gehört und wäre sofort hergekommen, um die Kirchweih zu erleben.«

Der alte Mann ist inzwischen herangekommen und schnauft. »Schön, dass ihr auf mich wartet, ihr jungen Leute. Ihr seid also auch unterwegs zum heiligen Gabriel, schön, schön.«

Yevsef nickt. »Ja, sind wir, zur Kirchweih.«

Man geht langsam weiter.

»Seid ihr von hier?« fragt der Mann.

Yevsef räuspert sich kurz. »Ich schon, von Midyat.«

»Aha, Midyat.«

»Ja, aber mein Begleiter hier, der kommt aus Westanatolien, aus İzmit, das ist nicht weit von İstanbul.«

Der alte Mann bleibt stehen und mustert Abdulmesih. »Von so weit kommst du? Das sind doch viele tausend Meilen!«

Abdulmesih tut so, als verstünde er nichts.

Yevsef sagt: »Ja, von so weit kommt er – und eigens nur, um zur Kirchweih zum berühmten Kloster Mor Gabriel zu wallfahren!«

»Was, so weit?«

»Jawohl!«

Der alte Mann macht große Augen, dann nickt er mit frommem Respekt. »Mein junger Freund«, sagt er zu Yevsef, »in meinem ganzen langen Leben habe ich noch keinen solchen Glauben gesehen wie den deines Freundes mit der schicken Uniform.«

Die drei kommen jetzt deutlich langsamer voran als zuvor, und als sie das Kloster erreichen, ist es schon dunkel. Wo soll man jetzt übernachten? Der morgige Festtag wirft seine Schatten voraus, und alles ist überfüllt. Abdulmesih und Yevsef finden keinen Einlass, und zu essen haben sie auch nichts. Yevsef hebt ratlos und etwas verzweifelt die Schultern.

»Mensch Mesih, was jetzt?«

»Hm, weiß nicht.« Abdulmesih klopft an eine Tür. »Hier drin brennt jedenfalls Licht.«

»Schon, aber es macht halt keiner auf.«

»Und wenn wir ans Fenster klopfen?«

»Was soll das bringen, Mesih?«

»Na ja, wer weiß, vielleicht hilft es, wenn ich meine Uniform noch mal zur Geltung bringe.«

Abdulmesih klopft forsch an ein Fenster. Das Gesicht eines Mönches taucht auf und bekommt einen erstaunten Ausdruck.

Abdulmesih nickt zum Gruß. »Guten Abend!« sagt er laut auf Türkisch durch die Scheibe.

Der Mönch wird eifrig und wendet sich an einen Mann im Hintergrund. »Geh, mach den Polizisten die Tür auf!« hört man draußen gedämpft.

Na bitte, es geht doch, denkt Abdulmesih und zwinkert Yevsef zu.

Die Tür öffnet sich, man lässt sie ein. Sie wissen sich zu benehmen, küssen dem Mönch zur Begrüßung die Hand, sprechen plötzlich Aramäisch und sind äußerst froh und höflich. Der Mönch ist erst verdutzt und dann verdrossen, er fühlt sich hinters Licht geführt.

»Ach so«, sagt er, indem er seine Würde wieder herstellt, »ich verstehe, ihr seid Pilger. Löblich. Aber wir haben keine Betten mehr frei. Wir haben auch nichts mehr zu essen. Hier, schaut, nur Ayran, das ich hier zu mir nehme.«

Moment, denkt Abdulmesih, Ayran? Gewiss, was der Ehrwürdige Vater da in seinem Glas hat, sieht aus wie dünner Jogurt, aber beim Handkuss hat Abdulmesih deutlich Raki gerochen, wenn man den mit Wasser aufgießt, wird er auch so weiß wie Ayran.

»Ayran«, sagt er zu dem Mönch, »würde mich jetzt sehr erfrischen, dürfte ich ein Schlückchen …?«

»Ähm, nun ja …«

»Danke vielmals«, sagt Abdulmesih fröhlich, trinkt, schluckt, nickt und schaut den Mönch freundlich an.

»Ja«, sagt der etwas unschlüssig, hüstelt und kräuselt seinen Mund, »also bitte, dann setzt euch. Ich lasse euch etwas Ayran und Brot bringen.«

»Danke vielmals!«

Während die beiden sich stärken, entspannt sich die Stimmung etwas, man wechselt einige Worte.

»So, aus Midyat kommt ihr herüber«, sagt der Mönch, »löblich.«

»Ja, aber meinen Militärdienst absolviere ich in İzmit. Jetzt bin ich auf Urlaub, besuche meine Familie und möchte morgen hier Kirchweih feiern.«

»Löblich, sehr löblich.« Der Mönch nickt, atmet aus und denkt vielleicht: Na, diese jungen Leute! Dann meint er: »Nun, wartet einmal, mir fällt gerade ein, vielleicht haben wir doch noch ein Bett für euch.«

Tatsächlich, wenig später weist ihnen ein Klosterdiener ein Bett an, in das sie hineinfallen. Am nächsten Morgen besuchen sie den Gottesdienst, und anschließend wird eine großes Fest gefeiert mit Essen, Trinken und Begegnen. Bis gegen Abend bleiben sie in Mor Gabriel, dann machen sie sich wieder auf den Heimweg.

Abdulmesih hat aber nicht nur gefeiert, sondern auch gebetet und sich Gedanken gemacht. Er muss nun seine Eltern wegen Marika fragen. Was meint eigentlich Yevsef dazu?

Der hebt lustig die Augenbrauen, haut ihm auf die Schulter und lacht. »Mensch Mesih, alter Schwerenöter!«

»Yevsef, bitte.«

»Nein, im Ernst, ich find's großartig. Aber natürlich: İstanbul und Midyat, das sind schon zwei Welten, denk ich mir. Und wo würdet ihr dann leben? Sicher doch nicht in Midyat.«

»Ja, weiß ich nicht.«

»Du musst halt mit deinen Eltern reden.«

»Weiß ich.«

Abdulmesih nutzt die nächstbeste Gelegenheit, endlich.

»Vater, Mutter«, fängt er an, »ich habe ein Mädchen kennengelernt.«

Sie sitzen zu dritt am Tisch.

Mutter Sara legt die Handflächen aneinander und hebt die Augenbrauen. »Ein Mädchen, Mesih?«

»Ein Mädchen, mein Junge?« fragt Vater Davut. »Wie hast du denn das geschafft, beim Militär?«

»Wer ist sie denn?« fragt die Mutter.

»Marika heißt sie.«

»Marika. Ist sie Aramäerin?«

»Nein, aber Christin, griechisch-orthodox. Dort gibt es aber auch eine große aramäische Gemeinde.«

»Wo dort, wo ist das?«

Abdulmesih erzählt, wie er Marika zu Ostern in İstanbul kennengelernt hat, wie sie sich seither Briefe schreiben und wie er sie im Juli erneut getroffen hat. Die Eltern wirken auf einmal betreten und blicken auf dem Tisch herum. Abdulmesih weiß nicht, was er davon halten soll.

»Du magst sie also«, sagt Vater Davut.

»Ja, ich mag sie, Vater.«

»Und möchtest sie heiraten.«

»Ich möchte wissen, Vater und Mutter, was ihr dazu sagt.«

Mutter Sara fängt an zu weinen, Vater Davut schaut zum Fenster hinaus, wiegt den Kopf und kämpft auch mit den Tränen.

Abdulmesih ist betroffen. »Aber warum weint ihr?«

»Wir weinen nicht …«, behauptet der Vater, steht auf und geht ans Fenster. »Aber wir sind alt, und auf dir liegen unsere Hoffnungen.«

»Hoffnungen?«

Die Mutter beginnt laut zu klagen. »Hoffnungen, Mesih, Hoffnungen! Sieh uns an: dein Vater mit seinem einen Arm und ich mit meinem müden Körper, wie alt wir sind, und İstanbul ist am anderen Ende der Welt. Wenn du nach dort heiratest, Mesih, dann wäre es besser, wenn wir gleich stürben. Dann kannst du uns begraben und in Ruhe heiraten.«

Abdulmesih hält den Atem an und beißt die Zähne zusammen. Es entsteht eine Pause.

»Ich verstehe«, sagt er schließlich langsam.

Nach dem Gespräch muss er an die frische Luft. Die Zukunft sieht mit einem Mal nicht mehr hell und versprechend aus, sondern trüb, und sein Gemüt ist verdüstert. Ist er nun erwachsen und selbständig, ein junger Mann mit eigenem Leben, oder nicht? Er weiß es nicht, er schüttelt den Kopf und betrachtet den Staub auf der Straße. Ist es noch zu früh zum Heiraten? Hat er ein Recht auf irgendetwas? Später muss er an die Zehn Gebote denken, an das fünfte nach syrisch-orthodoxer Zählung: ›Ehre deinen Vater und deine Mutter.‹ Das ist nichts Dahergesagtes, es ist ein göttliches Gebot, und es sagt ihm: Deine Eltern haben dir das Leben geschenkt und deinen Glauben. Sie haben für dich gesorgt in schlimmen Zeiten, haben ihr halbes Leben geopfert.

Sei ihnen also dankbar und achte sie, solange du sie hast.

Es dämmert, als Abdulmesih wieder nach Hause kommt. Er ist müde und traurig.

»Vater, Mutter, sobald ich wieder in İzmit bin«, verspricht er, »werde ich die Verbindung mit Marika lösen.«

Eine Woche später endet der Urlaub, und Abdulmesih tritt erneut die lange Reise an. Wieder gibt es Abschiedstränen. Aber seltsam: Er geht diesmal anders als zuvor, mit anderem Herzen. Nicht mehr so frisch und forsch, sondern nachdenklich und wie jemand, der sich bedeckt hält. Nach der Ankunft bei seiner Einheit braucht er einige Tage, bis er sich hinsetzt und einen Brief an Marika schreibt. Es ist sein Abschiedsbrief.

Kapitel 5

Abdulmesih hat es jetzt mit neuen, ihm unbekannten Gefühlen zu tun. Solange er sich erinnern kann, von Geburt an, hat ihn das Glück begleitet. Schon als Aramäer geboren zu sein ist ihm ein Segen. Und dann ist alles gelungen, was er angefangen hat: die Schule, die Ausbildung zum Schreiner, seine Saisonarbeit in Syrien, sogar das haarige Grenzabenteuer ist gut ausgegangen, und auch beim Militär ist er angesehen und hat eine kleine Laufbahn hingelegt. Nicht dass ihm alle Schwierigkeiten erspart geblieben wären, aber am Ende ist immer alles wundersam glattgegangen, sein Leben hat immer geschmeidig alle Hindernisse umflossen, und immer hat er das

Richtige halb getan, halb ist es ihm zugefallen. Aber in seiner Herzensangelegenheit mit Marika will das Leben nun anders als erwartet. Hier endet etwas wie vor einer Wand.

Und noch ein Unbill kommt dazu: Als er nach İzmit zurückkehrt, ist sein Leutnant, mit dem er sich immer gut verstanden hat, versetzt worden, und ein neuer Leutnant sitzt ihm plötzlich vor der Nase. Der Neue kennt ihn noch nicht und weiß nur, dass Abdulmesih Christ ist und gerade einen ziemlich langen Urlaub genossen hat. Zwei neue Gefreite haben ihm außerdem geflüstert, dieser Abdulmesih mache eigentlich, was er wolle: Er stecke manchmal grundlos Soldaten in die Arrestzelle, nehme nach Lust und Laune Urlaub, verschaffe sich stets entspannte Sonderaufträge, brate überhaupt dauernd Extrawürste, mache sich aber bei seinen Vorgesetzten immer lieb Kind.

›Bei mir nicht‹, denkt sich da der Leutnant, ›der soll mir nur kommen.‹

Und bei nächster Gelegenheit rumpelt er mit Abdulmesih zusammen.

»Für einen Ungläubigen haben Sie ein ganz schön großes Mundwerk!« schreit der Leutnant.

»Wie bitte?!« Abdulmesih traut seinen Ohren nicht. »Haben Sie mich gerade als ungläubig beschimpft, Herr Leutnant?«

»Na und, sind Sie ja auch, wie soll ich Sie sonst nennen?«

Abdulmesih merkt, wie ihm plötzlich der Kragen zu eng wird, mit aller Gewalt reißt er sich zusammen und behält seine Fassung. Aber er lässt es nicht auf sich sitzen. An seinen Major kann er sich nicht wenden, der ist gerade in İstanbul, aber der Generalleutnant ist da, ein jovialer, väterlicher Mensch. Bei dem spricht er vor.

»Ja, worum handelt es sich, mein Junge?« fragt der Generalleutnant und bietet ihm Platz und Tee an.

»Herr General, ich will niemanden anschwärzen, aber diese Sache muss ein Nachspiel haben: Der Herr Leutnant hat mich als einen Ungläubigen beschimpft.«

Dem Generalleutnant ziehen sich bedenklich die Augenbrauen zusammen. »Was hat er? Wieso das denn?«

»Er hatte keinen Grund, mich so zu beschimpfen, zumal es nicht einmal richtig ist. Es stimmt, dass ich ein Christ bin, aber ich bin ein Türke wie jeder. Ich komme aus einer Gegend nahe der syrischen Grenze, und wäre ich wirklich ein Ungläubiger, hätte ich mich schon längst nach Syrien absetzen können. Aber Sie sehen, Herr General, ich bin hier und tue hier meinen Dienst in meinem türkischen Militär, hier gehöre ich hin. In allem Ernst, Herr General: Wo kommen wir denn hin, wenn man Menschen, Unteroffiziere sogar, an denen einem die Nase nicht passt, einfach als ungläubig beschimpfen darf? Was sind das für Sitten?«

Der Generalleutnant hat aufmerksam und mit schmalen Augen zugehört, jetzt schwenkt er langsam den Kopf. »Keine Sitten jedenfalls, die ich hier dulde, das versichere ich dir, mein Junge.« Er denkt nach und schaut zur Seite, dann strafft er sich und steht auf. »Es ist gut, mein Junge, geh wieder an deine Arbeit.«

Eine Woche später wird der Leutnant versetzt.

Abdulmesih denkt: Man muss sich auch zu wehren wissen. Und er merkt, dass sein alter Mut und seine altes Glück ihn doch nicht verlassen haben.

Im Dezember werden zwei Mann von Abdulmesihs Einheit angefordert, die mit der Zivilpolizei zusammenarbeiten sollen. Abdulmesih meldet sich und bittet, für diese Aufgabe abkommandiert zu werden. So verbringt er die letzten drei Monate seiner Dienstzeit: als Kriminalpolizist. Er stellt Waffenschmugglern, Einbrechern, Dieben, Hehlern und Deserteuren nach, und wäre dies hier eine Grenzstadt, dann wären bestimmt auch Schleuser dabei. Wenn Abdulmesih darüber nachdenkt, muss er lächeln: was für Wendungen doch das Leben nimmt!

Im Februar 58 nimmt er seinen Resturlaub und wird verabschiedet.

»Bedauerlich«, sagt der Major und drückt ihm die Hand, »dass Sie der Truppe verloren gehen. So gerade Soldaten wie Sie können wir hier gut gebrauchen, das wissen Sie, aber bitte sehr. Wie gesagt: bedauerlich. Dann machen Sie wenigstens was Rechtes aus Ihrem Leben.«

»Ich werde mich bemühen. Danke, Herr Major.«

Ja, was Rechtes, aber was genau?

Jetzt ist er wieder zuhause, nach fast genau zwei Jahren. Die Freude der Eltern und Verwandten ist groß, und es ist nicht so, dass er unfroh wäre. Und doch merkt er, dass etwas anderes beginnen müsste. Er ist nicht mehr der Abdulmesih, als der er aufgebrochen ist.

Eines ist er aber natürlich noch: Schreiner. Weil er in seinem Umkreis keine Arbeit findet, geht er im Sommer wieder nach Syrien zu seinem Bruder. So geht die Zeit dahin, ein Sommer, zwei Sommer, drei Sommer. Abdulmesih ist fleißig und verdient wieder gutes Geld.

Die Eltern sehen mit Freude ihren Sohn wieder zuhause, er ist nicht in die Fremde gegangen, ganz wie sie es gewünscht haben. Er arbeitet wieder, kümmert sich um sie, und sie denken sich: So kann es weitergehen. Nur eines beginnt ihnen zu missfallen: dass Abdulmesih als Junggeselle so ohne Verpflichtungen durchs Leben spaziert. So kann es nicht weitergehen!

»Mein Junge«, sagt Vater Davut, »wie steht es mit dem Heiraten?«

»Dem Heiraten?«

»Natürlich, Mesih«, drängt Mutter Sara, »du musst eine Familie gründen, du bist schon 24!«

Abdulmesih denkt nach. Er hat nicht vergessen, dass seine Eltern ihm damals seine Pläne durchkreuzt haben. Und dass ausgerechnet sie das Thema jetzt anschneiden, hört er nicht ohne Widerstreben.

»Freilich bin ich 24, aber Heiraten ist ausgeschlossen. Wo sollte ich denn mit meiner Frau leben? Hier wohnen ja alle in einem einzigen Zimmer und einer winzigen Kammer. Unmöglich. Heiraten ohne eigenes Schlafzimmer? Nein.«

Er will durchaus heiraten, es gibt ja viele nette Mädchen, und er ist nicht blind oder aus Stein. Aber wenn er heiratet, dann genau so, wie er sich das vorstellt, nicht anders. Die Eltern haben damals gewünscht, dass er bei ihnen bleibt. Das hat er getan, mehr sollen sie nun nicht verlangen.

Im Jahr 1961 kommt er durch einen Grundstückstausch an Baugrund vor der Stadt. Hier bauen jetzt alle zusammen, Verwandte und Freunde, in gemeinsamer Anstrengung ein neues Haus, das genug Zimmer hat für die ganze Familie mit allen Generationen, einschließlich der vielleicht kommenden. Dann kann man auch wieder ans Heiraten denken.

Anfang Februar 62 meldet sich der Pfarrer der Kirche der Vierzig Märtyrer in Mardin, Gabriel Aydın, den Abdulmesih schon lange kennt, er hatte bei ihm Aramäischunterricht.

»Wir brauchen hier Bücherschränke«, sagt Aydın am Telefon, »kannst du uns was bauen? Du bist der einzige christliche Schreiner weit und breit, ob du es glaubst oder nicht, Abdulmesih!«

»Na so was, Herr Pfarrer! Ich komme.«

Am nächsten Tag sitzt Abdulmesih im Bus nach Mardin. Der Auftrag wird mit dem Kirchenvorstand besprochen: In einem Geheimzimmer in der Kirche sollen Schränke für wertvolle liturgische Bücher aufgestellt werden. Das Geheimzimmer wird begutachtet und vermessen, dann wird Abdulmesih mit einem örtlichen Schreinereibesitzer bekanntgemacht, bei dem er alles Nötige kaufen soll. Gleich gegenüber der Kirche bekommt er einen Raum zur Verfügung gestellt, den er, solange er an den Schränken arbeitet, als Werkstatt nutzen kann. Im Kirchengebäude wird ihm ein Schlafraum eingerichtet, damit er nicht täglich zwischen Midyat und Mardin unterwegs sein muss. Abdulmesih bedankt sich für alles und macht sich umgehend an die Arbeit.

Kurz darauf, am 6. Februar, beginnt das dreitägige Jonasfasten – das begangen wird in Erinnerung an die biblische Geschichte von Jona, der von Gott den Auftrag erhält, der sündigen Stadt Ninive die Umkehr zu predigen. Den Auftrag will er zuerst nicht annehmen, flieht mit einem Schiff, wird von einem großen Fisch verschluckt und wieder an Land gespien. Nun geht er doch nach Ninive und predigt, worauf die Einwohner tatsächlich büßen und drei Tage lang fasten.

Der dritte Fasttag, der 8. Februar, ist ein eiskalter Tag, dünner Schnee liegt auf Dächern und Straßen, und Frost hängt in der Luft, und in Abdulmesihs Werkstatt glüht ein großes Kohlenbecken, an dem er die klammen Hände wärmt. Hunger hat er außerdem. Von hier aus hat er einen direkten Blick auf das Kirchenportal und sieht jeden, der aus- und eingeht.

Gerade macht er Mittagspause und denkt an nichts Böses, da kommen auf einmal zwei junge weibliche Gestalten die Straße entlang, eine noch jünger als die andere. Abdulmesih fühlt sich plötzlich wie angestochen. Hoppla, wer ist denn das? Die beiden betreten die Kirche und kommen nach einer Weile wieder heraus. Abdulmesih hat inzwischen nicht weitergearbeitet, keinen Finger hat er gerührt, sondern verstohlen gewartet. Er betrachtet die beiden, vor allem die Jüngere, und ihm wird ganz wunderlich zumute, eine unbekannte warme, süße Empfindung rührt ihn an. Seltsam: Ihm ist, er dürfe etwas um keinen Preis versäumen, er müsse stehenden Fußes hinüberlaufen und sie ansprechen. Aber das traut er sich nicht. Dann sind die beiden wieder weg, und Abdulmesih schaut sich verdutzt um, als hätte er eine liebliche Erscheinung gehabt. Was ist das hier? Kohlenbecken, Sägemehl, Holzgeruch – richtig, das ist seine Werkstatt.

Die Erscheinung lässt ihn nicht los. Wer war das, wer war das junge Mädchen? Später erfährt er: Es ist ein Mädchen aus Diyarbakır, das beim Onkel in

Mardin zu Besuch ist; Jülyet Lolo heißt sie, eine Halbwaise, ihr Vater ist vor zwei Jahren gestorben. Jülyet, denkt Abdulmesih, was für ein Name! Das klingt zauberhaft, so französisch.

Zwei Wochen arbeitet er an den Bücherschränken, und nicht nur einmal schaut er in aufgekratzter, vorfreudiger Stimmung hinüber nach der Kirchentür, damit er es nicht verpasst, wenn die beiden das nächste Mal auftauchen. Aber sie bleiben verschwunden, und je länger sie verschwunden bleiben, desto trauriger wird Abdulmesih und desto kälter und trüber scheinen ihm die Tage zu werden. In seinem Herzen ist ein leises Bedauern.

Die Bücherschränke sind fertig, und Abdulmesih verabschiedet sich von einem hochzufriedenen Pfarrer und einem breit lächelnden, eifrig nickenden Kirchenrat. Mit dem Bus fährt er wieder nach Hause.

Wenig später heiratet ein guter Bekannter. Als Abdulmesih von der Hochzeit erfährt, freut er sich. Dem Mann ist seine erste Frau gestorben, und jetzt hat er eine gleichfalls verwitwete Frau aus Diyarbakır gefunden. Sie hat ihren Mann vor zwei Jahren verloren, ist mit zwei minderjährigen Kindern alleingeblieben, einem Sohn und einer Tochter, die sie nun mit in die neue Ehe bringt.

Abdulmesih macht einen Besuch, um den beiden Frischvermählten seine Glückwünsche zu überbringen, und als die Tür sich öffnet, steht er wie vom

Donner gerührt und reißt die Augen auf. Er erkennt Jülyet sofort wieder. Unglaublich, das Mädchen aus der Kirche in Mardin ist soeben als Stieftochter frisch in die Ehe seines alten Bekannten gekommen! Wie ist so etwas möglich, hat er sich auch nicht geirrt? Nein, keineswegs, dort vor ihm steht dasselbe bezaubernde Mädchen, das ihm schon aus der Ferne das Herz angerührt hat. Und jetzt ist er mit ihr im selben Raum, mit Jülyet, kann sie sogar ansprechen, ohne dass daran etwas Unschickliches oder Seltsames wäre, nicht zu fassen! Abdulmesih ist verwirrt, fühlt sich berauscht und ganz sonderlich, er hat kaum Augen für die glücklichen Eheleute, schüttelt Hände, lässt sich bewirten und dies und jenes fragen, antwortet sogar, aber er ist nicht bei der Sache. Halbe Gedanken und Gefühle schwirren durch seinen Kopf und Körper: ›Das ist Liebe auf den ersten Blick! Aber halt, es ist ja eigentlich der zweite Blick! Oder nicht doch der erste? Ich habe vergessen, wie man zählt …‹

Ihm ist sonnenklar: Solche Zufälle gibt es nicht. Das Leben will etwas von ihm. Es folgen drei aufgekratzte Wochen, in denen ihm Jülyet einfach nicht aus dem Sinn geht. Er glaubt schon, sein absonderlicher Zustand müsse jedem auffallen, zumindest aber seinen Eltern. Er entschließt sich, mit ihnen zu reden.

»Vater, Mutter, etwas Sonderbares und Überraschendes ist geschehen … Haha, ähm, es ist noch gar nicht so lange her, da habt ihr vom Heiraten gesprochen, erinnert ihr euch? Ihr habt gewollt, dass ich endlich heirate, und ich habe das von mir weggeschoben, nicht wahr? Ja. Und jetzt ist also Folgendes geschehen.« Und er erzählt ihnen von Jülyet und den merkwürdigen Umständen, unter denen die Begegnung mit ihr zustande gekommen ist.

Mutter Sara legt die Handflächen aneinander und nickt feierlich. »Mesih«, sagt sie ernst und zufrieden, »das ist eine Fügung. So ist es am besten.«

Vater Davut nickt und lächelt dazu. »Jülyet«, sagt er versonnen.

Ein junger Mann, der die Hand eines Mädchens von deren Eltern erbittet, tut das, indem er mit seinen eigenen Eltern vorspricht. So ist der Brauch. Abdulmesih stattet also gemeinsam mit Mutter und Vater den Eltern Jülyets, von denen der Stiefvater ihm ja gut bekannt ist, einen Besuch ab und bringt seine Bitte mit großer Höflichkeit vor. Man willigt ein, Abdulmesih ist überglücklich. Und jetzt geht alles blitzschnell: Schon am 3. Mai ist die Verlobung, im folgenden Jahr, 1963, soll die Hochzeit sein.

Bis dahin muss aber noch einiges geschehen: Es muss ordentlich Geld verdient werden, und das Haus muss fertig sein. Zum Geldverdienen geht es wieder nach Syrien, diesmal aber nicht zu seinem Bruder, sondern nach Hasake, wo er mit einem Bauunternehmer einen Pauschalpreis für seine Arbeiten aushandelt. Dabei verdient er mehr und kann mehr leisten. Nach neun Monaten tauscht er sein syrisches Geld in türkische Lira – zum dreieinhalbfachen Kurs.

Schon ist März 63, das Haus ist inzwischen fertiggebaut, und es geht an die Hochzeitsvorbereitungen. Am 26. Mai ist die kirchliche Trauung. Eine standesamtliche Trauung ist nicht möglich, denn die Braut ist erst 14 Jahre alt, aber die kirchliche Trauung ist ohnehin wichtiger. Im Gottesdienst ist Abdulmesih sehr bewegt, der Ernst und die hohe Würde dieses Lebensschrittes sind ihm tief innerlich klar. Gewiss, heiraten tun alle, man könnte es für etwas Gewöhnliches halten, aber das ist es nicht. Für Abdulmesih beginnt jetzt etwas völlig Neues, ganz neue, große Verantwortungen liegen vor ihm. Es folgen Feierlichkeiten, Essen, Glückwünsche, Küsse und Umarmungen, Geschenke, noch mehr Essen, Alkohol, viel Reden und Ausgelassenheit. Und Yevsef haut ihm mal wieder, und zwar gleich mehrfach, auf die Schulter und ruft:

»Mesih, alter Schwerenöter!«

Zwei Tage später kehrt langsam wieder Ruhe ein. Abdulmesih ist erledigt, aber glücklich, sein Kopf ist etwas schwer, aber sein Herz ist leicht, dabei wohnt doch jetzt Jülyet darin.

Die Hochzeit hat natürlich Geld gekostet, der Hausbau sowieso, und Abdulmesih hat Schulden gemacht. Er muss also schnellstmöglich wieder an die Arbeit. Kurz nach seiner Hochzeit ist bereits sein älterer Bruder Barsavmo mit seiner Frau Peyrusa nach Syrien zu Safar gegangen und hat gute Arbeit gefunden. Jetzt schreibt Barsavmo an Abdulmesih, er solle doch auch kommen:

»Was meinst du: Ich miete hier für uns drei eine kleine Wohnung, und dann können wir beiden Brüder zusammen arbeiten, während deine Schwägerin uns den Haushalt macht.«

Das hört sich gut und sinnvoll an. Abdulmesih ist trotzdem nicht restlos begeistert. Denn Jülyet ist schwanger. Er will und kann sie doch nicht einfach verlassen. Er denkt an Maria, die Gottesmutter. Sie war ähnlich jung, als sie Jesus unter dem Herzen trug. Und Josef war Zimmermann, ähnlich wie Abdulmesih selber. Aber Josef blieb bei Maria, als sie schwanger war und ihr Kind auf die Welt brachte, und so ist es auch richtig. Josef musste nicht nach Syrien zum Geldverdienen.

Aber was soll Abdulmesih tun? Er findet vor Ort nicht genügend Arbeit. So ist die Welt offenbar heute, dass die Männer irgendwo draußen den Lebensunterhalt auftreiben müssen, damit die Frauen für die Familie ein Heim erschaffen können – ein Heim, in dem die Männer erst einmal nicht vorkommen. Ist das denn richtig, ist es schön? Aber so muss es wohl sein, mag es einem gefallen oder nicht, und es hat wenig Sinn, damit zu hadern. Überhaupt: Nicht zu viel an zuhause denken, das wird in den nächsten Monaten das Beste sein, sonst wird das Leben für Abdulmesih allzu schwer werden.

Anfang September verabschiedet er sich und lässt Jülyet in der Obhut seiner Eltern.

»Gott behüte dich«, sagt er leise zu ihr und küsst sie, »dich und das Kindlein unter deinem Herzen.«

Er weiß, er wird erst in vielen Monaten wiederkommen.

Kapitel 6

Gott lässt Abdulmesih nun etwas Neues erleben. Es ist kein dramatisches Schicksal, das er ihm zumutet, er schlägt ihn nicht mit Tragödien. Aber ein schweres Schicksal mutet er ihm zu, ein lastendes und zermürbendes.

In Syrien arbeiten die beiden Brüder Abdulmesih und Barsavmo Hand in Hand, sie sind fleißig und haben viel zu tun, und so geht der Winter dahin. Dann kommt Weihnachten, der Jahreswechsel, Abdulmesihs siebenundzwanzigster Geburtstag, die Taufe des Herrn. Es ist die Zeit des Jahres, in der man bei seiner Familie sein will, und nicht nur in Gedanken oder per Brief. Er fühlt einen großen Verlust, ein bitteres Fehlen. Immerhin hat er seine beiden Brüder, aber vielleicht macht das alles sogar noch schlimmer. Wenn er deren Familien sieht, weiß und empfindet er nur umso deutlicher, dass er woanders hingehört.

Dann kommt der März, und Abdulmesih wird immer nervöser. Jülyets Schwangerschaft ist inzwischen gut verlaufen, aber jetzt naht der Geburtstermin, und wer weiß, was da passiert.

»Mesih, Mesih!« Safar kommt auf die Baustelle gelaufen, rufend, lachend, und klatscht in die Hände.

Abdulmesih lässt alles fallen. »Ja?!«

»Rat mal, Mesih! Wir haben gerade einen Anruf bekommen!«

»Ja?!«

»Du bist Vater geworden!«

»Was?!«

Safar und Barsavmo lachen.

Abdulmesih packt und schüttelt Safar. »Mann, jetzt sag schon!«

Abdulmesih erfährt: Es ist ein Junge, und es ist alles gut gegangen. In Abdulmesih schießt eine Freude auf, wie er sie noch nie zuvor empfunden hat, er weiß gar nicht, wo er sich lassen soll vor Glück und Erleichterung. Er umarmt seine Brüder und strahlt sie an, sie strahlen zurück, aber plötzlich tut sich ein Loch auf. Seine Brüder sind nicht Jülyet und nicht sein neugeborenes Kind. Die müsste er jetzt in die Arme schließen. Und so wie eben noch die Freude aufgeschossen ist, überfällt ihn jetzt ein gewaltiger Jammer. Nein, ach nein, warum kann er jetzt nicht da sein, wo er sein müsste? Abends, als er allein in seinem fremden Bett liegt, betet und weint er.

So geht das noch viele, viele Abende.

Erst Anfang Oktober, mehr als ein halbes Jahr später, fährt er nach Hause, in sein Heim, mit bangen Vorgefühlen. Er weiß ja gar nicht, wie sein Heim ist, wie Frau und Kind sich ihr Leben eingerichtet haben in all der langen Zeit.

Die Begrüßung. Die frohen Gesichter. Küsse, Umarmungen. »Wie geht es dir?« – »Lass dich anschauen!« Seine junge Frau Jülyet, sein Vater Davut. Und wo ist Mutter Sara? Da kommt sie ja, aber was ist das? Sie hat einen kleinen Menschen auf dem Arm, aber sie hat sein Gesicht zugedeckt, zur Überraschung. Jetzt steht sie vor Abdulmesih, lacht und nickt ihm aufmunternd zu.

Mit zitternden Fingern deckt er das kleine Gesichtchen auf. Ein ganzer, wunderbarer, neuer Mensch kommt zum Vorschein, mit kleinem Näschen, glänzenden Bäckchen und schönen dunklen Äuglein, mit Händen und Füßen, mit Bäuchlein und Windel, es ist unglaublich. Abdulmesih weiß nicht, wohin er zuerst schauen soll, was er zuerst tun soll. Er nimmt seinen erstgeborenen Sohn zum ersten Mal in seine Arme und streichelt und küsst ihn und spricht leise kleine Worte. Ihm ist, als würde sein Herz zerspringen vor Traurigkeit und Glück.

Jülyet steht daneben, ihr Gesicht leuchtet, und sie sagt zu dem kleinen Menschen:

»Schau, Fikri, der Papa.«

Später schaut Abdulmesih dem kleinen Fikri zu, wie er auf dem Boden liegt und an Spielsachen kaut, wie er bei seiner Großmutter sitzt, wie der Großvater mit ihm scherzt, wie seine Mutter ihn auf den Schoß nimmt und stillt, und bei alledem möchte Abdulmesih die ganze Zeit am liebsten weinen und lachen zugleich.

Als das Kind im Bett liegt und Abdulmesih mit Jülyet allein ist, wird er ernst und wortkarg.

»Was ist mit dir, Mesih?« fragt sie ihn.

Er schüttelt den Kopf. »Nein, so geht das nicht. Ich komme heim nach über einem Jahr – aber was heißt da ›heim‹? Ist das mein Heim? Ich kenne es ja gar nicht! So muss sich ein Mensch fühlen, der nach Jahren irgendwohin zurückkehrt. Er denkt dann wohl: Ich komme heim. Aber wohin er kommt, das ist ihm völlig fremd. Den kleinen Fikri sehe ich zum ersten Mal nach Monaten, und woher soll er wissen, was da plötzlich der fremde Mann soll?«

»Aber Mesih, er lernt dich doch kennen. Ich kümmere mich gut um ihn, hab keine Angst.«

»Ich habe keine Angst, dass du dich schlecht um ihn kümmerst. Sondern ich!«

»Mesih! Du kümmerst dich um ihn, indem du tust, was sein muss. Indem du arbeitest. Du tust doch, was du kannst, was willst du dir vorwerfen?«

Aber Abdulmesih schüttelt verbissen den Kopf. »Nein, nein, so geht das nicht.«

»Aber wie sonst, Mesih?«

»Ja, wie sonst? Ich muss eine Lösung finden.«

Zuerst aber kommt ein Standesbeamter ins Haus und macht, mit Zustimmung der Eltern, die Trauung nun auch amtlich. So gilt Fikri auch im behördlichen Sinne als sein Sohn und Erbe.

Mit dem in Syrien mit schwerem Herzen verdienten Geld begleicht Abdulmesih seine Schulden, für das Leben bleibt außerdem noch einiges übrig. Aber natürlich ist es begrenzt. Was ist die Lösung?

»Das mache ich nicht mehr«, sagt er zu Yevsef, »dass ich nach Syrien gehe. Ich will bei meiner Familie sein.«

»Ja, klar, aber wo willst du arbeiten?«

»Ich überlege ja schon. Außerdem ist Syrien viel zu gefährlich. Wenn die mich an der Grenze noch mal schnappen – nicht auszudenken. Das kann ich nicht machen als Familienvater.«

»Was willst du also tun? Eine Schreinerei aufmachen? Einen Holzhandel? Was?«

»Ein Gewerbe? Geld investieren und dann ohne Arbeit dastehen? Das riskiere ich nicht.«

Yevsef seufzt. »Ja. Da fällt mir jetzt leider auch nichts ein.«

Was ist die Lösung? Das Jahr 65 beginnt, und langsam muss etwas geschehen!

Ende Februar kommt ein Brief von einem guten Freund. Er lebt und arbeitet im fernen Deutschland.

»Hier gibt es jede Menge Arbeit!« schreibt er. »Die Wirtschaft wächst, die Leute haben Geld, es gibt Autos und Lebensmittel in Hülle und Fülle, so einen Wohlstand kannst du dir gar nicht vorstellen, mein Freund! Die Deutschen brauchen dringend Arbeitskräfte, die nennen sie ›Gastarbeiter‹. Die sollen ihnen helfen, den Wohlstand zu vermehren. Aus Italien haben sie in den letzten Jahren schon viele Tausende geholt, jetzt wollen sie auch Türken. Es fehlen vor allem Fachkräfte, und wenn du es geschickt anstellst, bringst du es hier zu etwas. Ich glaube, Mesih, alter Freund, du wärst hier genau am richtigen Platz! Du bist klug, fleißig, ein guter Mann mit solider Ausbildung und Berufserfahrung und dem rechten Selbstvertrauen! Ich sage dir bloß eins: Geh zu einem Vermittlungsbüro, und komm her!«

Nach Deutschland? Wo genau ist das eigentlich? Und ein Vermittlungsbüro? Ein Formular, um sich zu bewerben, gibt es im Tabakladen, das weiß Abdulmesih, sich eines zu holen und auszufüllen kann nicht schaden. Das ausgefüllte Formular schickt er nach Diyarbakır an die Vermittlungsstelle für Gastarbeiter. Ja, Deutschland, dort mag es viel leichter sein, ein Auskommen zu finden, das Geld ist außerdem mehr wert. Aber es ist ja noch viel weiter weg als Syrien, wie soll das alles werden? Abdulmesih fühlt sich wie eingezwängt, er will nicht weg und kann nicht bleiben.

Er wird nach Diyarbakır eingeladen, man befragt ihn zu seinem Beruf, seiner Erfahrung, seinen Fähigkeiten, er muss eine Art Prüfung ablegen, die er besteht, und wird wieder nach Hause geschickt. Seine Chancen stehen gut, gibt man ihm zu verstehen, jetzt müsse er warten.

Warten, nun gut, wenn es denn sein muss. Aber er kann nicht untätig bleiben, denn das syrische Geld ist aufgebraucht, und Jülyet ist zum zweiten Mal schwanger. Abdulmesih verdingt sich hier und da in einer Schreinerei oder als Zimmermann und hält sich und seine wachsende Familie über Wasser. Immerhin kann er jetzt, während sein zweites Kind sich ankündigt, zuhause sein.

Im September 1965 erblickt der Sohn Fuat das Licht der Welt. Erst jetzt erlebt Abdulmesih die Aufregung kurz vor und nach der Geburt. War eben noch Jülyets Bauch ganz rund, ist da auf einmal ein neuer Erdenmensch, winzig, faltig, aber ganz und gar vollkommen. Abdulmesih erfährt den Duft eines Neugeborenen, die Weichheit der Babyhaut, er spürt, wie leicht und klein und zerbrechlich ein Säugling ist, er sieht still zu, wie Fuat trinkt und dabei atmet und dann einschläft. Und in all diesem staunenden Glück denkt er auch an Fikri. Er hat keine Erinnerung an Fikris erste Tage, Wochen, Monate, er hat kein Bild dazu, ihm ist, als fehle ein Stück in der Mitte seines Herzens. Er weiß die Umstände, die dazu geführt haben. Aber das nützt nichts, das Fehlen bleibt, und er fühlt etwas Unverzeihliches.

Februar 1966. Abdulmesih steht auf dem Kirchturm und lässt seine Blicke über seine Stadt schweifen, über sein altes, großes Land. Vor wenigen Tagen ist endlich ein Bescheid gekommen: Ein deutsches Bauunternehmen hat Abdulmesih angefordert. Es liegt in einer Stadt namens Fürth und benötigt Zimmerleute. Als die Nachricht gekommen ist, hat er sich wie erlöst gefühlt, als ginge eine Tür auf. Im nächsten Augenblick steigt das Unglück in ihm auf, dass er Heimat und Familie verlassen muss.

Zur amtlichen Gesundheitsprüfung geht es nach Ankara. Mit 25 anderen steht er dort halbnackt in einem kühlen Raum, alle werden vom Arzt befragt, befühlt und beschaut, lassen die Hosen runter und dürfen sie anschließend wieder hochziehen. Dann unterschreibt Abdulmesih den Arbeitsvertrag für ein Jahr.

Am 25. Februar besteigt ein großes Kontingent an Gastarbeitern und auch Gastarbeiterinnen in Ankara den Zug in Richtung Deutschland, mit an Bord sind außerdem Dolmetscher und Aufpasser. Nächste Station ist der Bahnhof Haydarpaşa in İstanbul, ein Kopfbahnhof direkt am Meer, hier steigen noch einmal viele Menschen ein, der Zug ist gedrängt voll. So geht es durch Bulgarien, Jugoslawien und Österreich, eine Stunde, zwei Stunden, fünf, zehn, zwanzig Stunden, zweitausend Kilometer weit. Es gibt zu wenig Platz und zu wenig Luft, aber wenn man die Fenster aufreißt, wird es eiskalt, man hat die Wahl. Der Tag wird zur Nacht und wieder zum Tag. Im Hauptbahnhof München quält sich eine müde, durstige, zerknitterte Masse aus dem Zug, man kann kaum mehr denken. Im Gänsemarsch geht es in einen großen Saal, wo Tische und Bänke vorbereitet sind, es gibt Essen und Getränke. Dann tauchen Vertreter der deutschen Firmen auf, um die ihnen zugeteilten Arbeiter und Arbeiterinnen in Empfang zu nehmen. So also klingt Deutsch! Nicht besonders laut, nicht unfreundlich, ein wenig kantig, und Abdulmesih kann nicht einmal ahnen, was hier geredet wird, er kann sich anstrengen, wie er will. Er hat sich zwar vor seiner Abreise ein Wörterbuch gekauft und hat versucht, sich ein paar Brocken und einfache Sätze einzuprägen, aber das hilft ihm jetzt natürlich so gut wie nichts. Alles Nötige wird von Dolmetschern übersetzt.

Die Firma Winkler aus Fürth hat 24 Menschen bestellt, die werden jetzt abgeholt. Ab in den nächsten Zug, am Nürnberger Hauptbahnhof aussteigen und weiter mit der Straßenbahn nach Fürth. Es geht gegen Abend. In Fürth in der Simonstraße ist das Wohnheim. Im Erdgeschoss gibt es eine Gemeinschaftsküche, Duschen und Toiletten, im Obergeschoss sechs Zimmer mit jeweils vier Betten. Nach dem Essen fällt Abdulmesih wie tot in seines. Er schläft traumlos, ruhig und lange.

Anderntags kommt ein Mann von irgendeiner Verwaltung, ein offizieller Herr, in Begleitung eines Dolmetschers, allerdings eines italienischen – so als könnten Gastarbeiter jeglicher Herkunft einander auf natürliche Weise verstehen. Abdulmesihs Personalien werden aufgenommen, und er begreift, dass man nach seiner Religionszugehörigkeit fragt. Was gibt es zur Auswahl? ›Syrisch-orthodox‹ gibt es nicht, aber ›katholisch‹, das ist ihm ein Begriff, so was Ähnliches, sagt er, ist er auch.

Der offizielle Herr wundert sich, er ist nicht sicher, ob er oder Abdulmesih richtig verstanden hat. »Ein Christ also? Kein Moslem?«

Nein, kein Moslem! Christ!

Wieder einmal ist er der einzige neben 23 anderen.

Am ersten März beginnt die Arbeit. Abdulmesih wird zur Baustelle gebracht, in den Keller eines Rohbaues. Der Vorarbeiter erklärt ihm, was zu tun ist. Er spricht erstens Deutsch und zweitens kein sorgfältiges. Abdulmesih versteht kein einziges Wort. Aber so viel versteht er: dass der Vorarbeiter anfängt sich aufzuregen und Verwünschungen ausstößt. Er wird laut, sein Gesicht läuft rot an, er fuchtelt mit der Hand durch die Luft, winkt ab und will gehen. Jetzt wird es Abdulmesih zu dumm. Er setzt ihm nach, schnappt seinen Jackenkragen, schimpft auf

Aramäisch gleichfalls nicht zu knapp und fragt auf Türkisch nach einem Grundriss.

»Was?« schnauzt der Vorarbeiter zurück. »Was willste?«

Das Wörtchen ›was‹ versteht Abdulmesih, er kennt es aus dem Wörterbuch. Empört und stolz zugleich wiederholt er mit Nachdruck, was er will, und malt mit den Händen einen großen Bogen Papier in die Luft, auf dem Linien und Maße eingezeichnet sind. »Einen Grundriss, Mann!« erklärt er dem Vorarbeiter – immer noch auf Türkisch und in einem Ton, als sei der Vorarbeiter und nicht Abdulmesih der Idiot.

Schlagartig ändern sich Haltung und Gesicht des Vorarbeiters. »Ach so«, ruft er fast erleichtert, »einen Plan! Na, komm mal mit.« Er merkt, dass er es nicht mit einem Handlanger zu tun hat, sondern mit einem Fachmann, der nur die Sprache noch nicht versteht.

Abdulmesih folgt ihm an einen Schreibtisch, wo er den Plan einsehen kann. Er studiert ihn und begreift: Ach so, hier muss ein Kanal betoniert werden, na, das ist ja einfach. Er nickt mehrfach, wirft dem Vorarbeiter einen sanften Blick zu und macht sich ohne Weiteres an die Arbeit. Der Vorarbeiter sieht jetzt zufrieden und versöhnlich aus: Ein Glück, der Neue weiß, was er tut!

So verläuft Abdulmesihs erster Arbeitstag im fremden Deutschland.

Am Abend auf dem Nachhauseweg geht er ein Brot kaufen. Den Satz ›Ich möchte ein Brot, bitte‹ hat er sich im Wörterbuch zusammengesucht. In einem kleinen Schaufenster sieht er Bäckerwerkzeuge ausgestellt, einen fremdartigen kupfernen Mörser mit Stößel, eine kleine Waage, braune Glasflaschen, ein Schränkchen mit kleinen Schubfächern. Hinter der Theke steht eine Verkäuferin im weißen Bäckerkittel.

»Ich möchte ein Brot, bitte.«

Die Frau sieht ihn an, als hätte sie nicht recht gehört.

Abdulmesih wiederholt, so deutlich er kann: »Brot, bitte.«

Die Frau lacht auf, als hätte er einen Witz gemacht. Was ist hier los? Redet er Unsinn, hat er sich die falschen Wörter eingeprägt, macht man sich über ihn lustig? Nein, das wohl nicht, die Frau sieht freundlich aus, jetzt sagt sie etwas, es klingt gutmütig, und jetzt fragt sie etwas und lacht wieder ein wenig. Abdulmesih hebt Schultern und Hände und fühlt sich komplett ratlos. Die Frau scheint etwas zu verstehen. Sie kommt hinter der Theke hervor und winkt ihn mit nach draußen auf die Straße, dann zeigt sie in eine Richtung, sagt wieder etwas, und er versteht das Wort ›Brot‹. Ach so, dort gibt es Brot, aber warum nicht hier? Plötzlich begreift er: Der Mörser im Schaufenster, die Waage, die Flaschen, das Schränkchen, das sind Apothekerwerkzeuge. Und die Frau in Weiß ist keine Bäckerin, sondern Apothekerin. Sie nickt ihm freundlich zu. Aber er ist verwirrt und zu Tode beschämt. Er bedankt und entschuldigt sich und macht sich auf den Weg.

Ja, das hier ist eine Bäckerei, eine richtige, hier stehen Brote in den Regalen.

»Ich möchte ein Brot, bitte.«

Man versteht ihn sofort, offenbar will man jetzt noch wissen, was für ein Brot. Er zeigt auf ein längliches, bekommt es in Papier eingewickelt und zahlt.

Abends liegt er hellwach im Bett und grübelt. Wenn er den heutigen Tag noch einmal bedenkt, steigen zwei Empfindungen in ihm auf: Die Arbeit geht ihm flüssig von der Hand, er begreift sie und kann alles, was erwartet wird, so wie er es bereits aus seiner Heimat und aus Syrien kennt. Und gleichzeitig fühlt er sich so, als wäre er vor eine Wand gelaufen und glatt abgeprallt. Aber was ist das für eine Wand? Die fremde Sprache. Solange er sie nicht versteht und nicht sprechen kann, wird er keinen Fuß auf den Boden bekommen. Zum Glück ist das keine neue Erfahrung für ihn, deswegen weiß er, dass er die Wand auch einreißen kann. Auch eine so fremdartige Sprache wie die deutsche kann man lernen. Abdulmesih hat ja auch Türkisch und Arabisch gelernt, und mit dem Deutschen wird ihm das auch gelingen, das wäre ja gelacht! Mit seinem guten Selbst- und Gottvertrauen besorgt er sich gleich am nächsten Abend türkisch-deutsche Bücher und verschlingt sie. In jeder freien Minute, vor dem Schlafengehen, am Wochenende, wann auch immer lernt er jetzt Deutsch. Er will es so schnell wie möglich beherrschen.

Kapitel 7

Nach zwei Wochen Arbeit ist das Gebäude fertig, und Abdulmesih kommt an die nächste Baustelle. Schon jetzt hat er das Gefühl, dass alles geschmeidiger geht, dass nicht mehr alles so fremd ist, auch das Deutsche nicht. Der Vorarbeiter, ein freundlicher, gutmütiger Mensch, erklärt ihm mithilfe eines Plans, was zu tun ist, und Abdulmesih versteht erstaunlich gut. Während der Arbeit behält ihn der Vorarbeiter im Auge, bis er schließlich herankommt und anerkennend nickt:

»Ja, sehr gut«, sagt er lächelnd und mit Betonung, damit Abdulmesih auch alles versteht, »du machst das ein bisschen anders als normal, gell, macht aber nix, dafür bist du schneller. Verstehst du? Schneller!«

Abdulmesih lacht und nickt.

»Also«, sagt der Vorarbeiter und legt ihm eine Hand auf die Schulter, »mach nur so weiter, gell, immer schön so weitermachen!«

Manchmal begegnet man Menschen, die man noch nie zuvor getroffen hat, die manchmal sogar vom andern Ende der Welt stammen, und man merkt sofort: Wir verstehen uns. So geschieht es auch zwischen Abdulmesih und dem Vorarbeiter, nach kurzer Zeit sind die beiden Freunde. Und kaum länger dauert es, bis Abdulmesihs Deutsch gut genug ist, dass er seinen türkischen Kollegen schon das eine oder andere übersetzen kann.

Abends nach dem Abendessen sitzen alle im Wohnheim gewöhnlich noch zusammen und reden, manche rauchen oder spielen Karten. Vielen geht es ähnlich wie Abdulmesih, sie vermissen die Heimat, haben Familien zurückgelassen und sind alles andere als freiwillig hier. Und wenn einer dabei ist, auf den zuhause niemand wartet, wünscht er sich trotzdem zurück nach dort, wo ihm alles vertraut ist, die Menschen, die Häuser, die Sprache, sogar der Verkehr auf der Straße. Ins Bett gegangen wird nie sehr spät, alle sind müde, und oft steigen in Abdulmesih Bilder auf, die ihn bis an den Rand des Schlafes begleiten: Seine Eltern, seine Frau und seine Kinder umkreisen ihn, manchmal sieht ihn mit friedlichem

Ernst eine Christusdarstellung an, dann wieder ist alles schwarz und unendlich weit weg, und manchmal sieht er den Erzvater Abraham unterwegs in der Ödnis. Wird nicht auch Abdulmesih, wie Abraham, von Gott in ein fernes Land geschickt? Und ist er nicht auch, wie Abraham, drauf und dran, seinen Sohn zu opfern, seine Söhne, seine Kinder, alles? Abraham findet am Ende das Land der Verheißung – Abdulmesih auch? Er verscheucht die unguten Bilder, denkt fest an Gott und schläft ein.

Nach einem halben Jahr kommt ein Brief aus Syrien. Barsavmo fragt, ob es denkbar sei, dass er selber auch nach Deutschland kommt, und wenn ja, ob er dann im selben Betrieb wie Abdulmesih arbeiten kann.

Abdulmesih wird es warm ums Herz vor Freude. Er geht zu seinem Chef und erzählt ihm von seinem Bruder, der Zimmermann von Beruf sei und mit dem er in Syrien schon viel zusammengearbeitet habe.

»Mein Bruder und ich«, erklärt er, »sind eine gute Mannschaft!«

»Also dann«, sagt der Chef und klopft mit der Faust auf den Tisch, »nix wie her mit ihm!«

Es ist möglich, Arbeiter aus der Türkei gezielt namentlich anzufordern. Der Betrieb muss einen Antrag stellen, dann wird der entsprechende Kandidat nach İstanbul ins deutsche Vermittlungsbüro bestellt und überprüft, bevor er dann nach Deutschland reisen kann. So geschieht es, und wenig später schließen sich die Brüder in die Arme, und plötzlich scheint die Heimat nicht mehr ganz so weit entfernt. Und Abdulmesih ist nicht mehr der einzige Christ.

Die Arbeit auf der Baustelle geht ihren erprobten Gang, der Chef ist zufrieden, mit den türkischen Kollegen läuft alles wie am Schnürchen. Aber im Wohnheim leider nicht ganz.

Barsavmo kocht für sein Leben gern, natürlich traditionelle Gerichte aus der Heimat, in denen Schweinefleisch eine wichtige Rolle spielt. Abends steht er also in der Wohnheimküche und brät Leckereien für sich und Abdulmesih und summt dabei vor Vergnügen, aber die Kollegen beschweren sich.

»He, was soll das, Mann?!«

»Was ist, was regt ihr euch auf?« fragt Abdulmesih.

»Das darf ja wohl nicht wahr sein! Dein Bruder verseucht mit seiner Kocherei die ganze Küche, dabei seid ihr nur zu zweit, ihr Christen, und wir sind über zwanzig!«

»Wie, er verseucht die Küche? Er kocht halt was.«

»Er kocht halt Schwein, Mann! Schweinefleisch ist für uns bekanntlich verboten! Und jetzt ist hier alles voller Fett, Töpfe, Pfanne, Herd, Besteck, alles! Wo sollen wir denn jetzt kochen?«

»Hm«, meint Abdulmesih, »ich verstehe das Problem.«

»Sehr schön, er versteht das Problem!«

»Nur langsam, wir finden schon eine Lösung. Zuerst mal: Man kann ja alles wieder sauber machen ...«

»Sehr schön, wir dürfen euer Fett wegmachen!«

»Langsam, das machen wir schon selber. Aber damit ihr nicht immer erst als Zweite kochen müsst, können wir uns doch abwechseln: Eine Woche kocht ihr zuerst eure muslimischen Gerichte, dann wir unsere christlichen und so weiter. Wäre das nicht was?«

Ja, doch, das wäre was, das scheint ein sinnvoller und praktikabler Kompromiss zu sein. Man willigt ein, und Abdulmesih denkt: Man muss halt miteinander reden.

Eines der Bücher, die er mit nach Deutschland gebracht hat, ist eine Bibel auf Türkisch. Wer weiß, hat er sich gesagt, vielleicht ist einer meiner türkischen Kollegen daran interessiert. Tatsächlich liest er gelegentlich an Wochenenden daraus vor, und manche von den muslimischen Türken hören sich das an oder wollen sogar über das Gehörte sprechen.

Einer sagt zu ihm: »Du bist ein fleißiger Arbeiter, du hast was auf dem Kasten, du bringst es noch zu was, du bist besser als wir. Aber leider bist du halt ein Christ.«

»Vielleicht«, erwidert Abdulmesih, »bin ich ja genau deshalb besser, wie?«

Der andere lacht, wird aber nachdenklich. »Na, meinst du? Na ja, vielleicht hast du in so einem christlichen Land wie Deutschland einfach bessere Karten.«

Deutschland ist ein christliches Land, das stimmt, aber so richtig zu merken ist es für Abdulmesih nicht. Die Kirchen sehen anders aus, die Gottesdienste haben einen fremdartigen Ritus in einer sonderbaren Sprache, Latein, und die Religion spielt offenkundig im Leben keine so zentrale Rolle wie bei ihm. Für Abdulmesih steht und fällt alles mit seinem Glauben, daraus kommt seine Stärke, seine Zuversicht und sein Selbstverständnis. Aber hier ist alles nüchterner, strenger, und der Glaube scheint mehr Pflicht als Kraft zu sein. Die Menschen sind ja nicht unfreundlich, aber sie wirken immer so geschäftig, immer so mit Pflicht und Geld befasst. Immerhin: Es gibt christliche Kirchen, und sie sind voller Menschen.

Eines Abends kommt einer seiner türkischen Kollegen zu ihm, er heißt Şevki, und sagt halblaut:

»Jetzt weiß ich, warum meine Mutter immer heimlich geweint hat.«

»Wie meinst du? Sie hat geweint?«

»Ja, sie hat immer heimlich in einem Buch gelesen und geweint. Ich hab es manchmal gesehen, noch als kleines Kind. Aber wenn sie mich bemerkt hat, hat sie immer schnell gesagt, es sei nichts, hat das Buch schnell versteckt und sich die Tränen abgewischt.«

»Und du glaubst, das war die Bibel?«

»Ganz bestimmt.«

»Aber warum hat sie geweint?«

Şevki holt tief Atem, schaut sich um und senkt seine Stimme noch mehr. »Mittlerweile weiß ich, dass sie Christin ist. Aber sie wurde von meinem Vater entführt, 1915, während der großen Christenverfolgung im Osten. Er hat sie entführt und zur Heirat gezwungen, und sie durfte ihren christlichen Glauben niemals ausüben, nicht einmal im Geheimen. Niemand durfte wissen, dass sie eine Christin ist.«

Abdulmesih senkt den Blick. »Ja«, sagt er, »schlimme Zeiten.«

Auch mit Şevki schließt Abdulmesih Freundschaft, sie sind oft zusammen in der Stadt unterwegs, unterhalten sich über vieles. Eines Tages sagt Şevki, dass er christliche Heiligenbilder kaufen möchte. »Für meine Mutter.«

»Das ist schön, aber überlege: Wenn eure Verwandten das erfahren, wird euch das nicht gut bekommen.«

»Vielleicht, Abdulmesih, aber ich muss es trotzdem tun.«

Gemeinsam kaufen sie Bilder von Maria und Jesus, die Şevki in seinem Koffer aufbewahrt bis zum Winter.

Im Winter ist die Bausaison zu Ende, und wer will, kann in die Heimat fahren. Şevki bricht auf in seine Vaterstadt Gaziantep, mit seiner geheimen Fracht im Koffer. Auch Abdulmesih setzt sich in großer Vorfreude in den Zug, um sechs Wochen lang zuhause sein zu können. Schon fast ein Jahr ist er von Frau und Kindern getrennt, und in seinem ganzen Wiedersehensglück erschrickt er doch, wie groß Fikri und Fuat schon sind. Und wieder hat er grüblerische Tage und Nächte. Wie lange soll diese Lebensweise so weitergehen?

Şevki schreibt ihm einen Brief: Er wolle gern zu Weihnachten mit seiner Mutter zu Besuch kommen. Sie möchte in die Kirche, sie möchte endlich nach so vielen Jahren beichten und zur Kommunion gehen. Abdulmesih staunt: So wagt also die Mutter für Ihren Glauben doch eine ganze Menge. Bestimmt hat Şevki sie darin bestärkt. Abdulmesih lädt beide herzlich ein.

Kurz vor Weihnachten treffen sie mit dem Bus aus Gaziantep ein, um die Weihnachtstage bei Abdulmesihs Familie zu verbringen. Şevkis Mutter ist eine unscheinbare, stille Frau von Mitte 60, der man eine tiefe Traurigkeit anmerkt. Dass sie jetzt hier ist, unter Christen, kommt ihr unwirklich vor und macht sie unsicher. Aber Şevki und Abdulmesih reden ihr gut zu, beruhigen ihre Sorgen und sprechen vom baldigen Kirchgang. Die Frau nickt eifrig und fängt vor Aufregung und Verlegenheit an zu weinen.

Dann kommt das Christgeburtsfest. Zum ersten Mal seit mehr als einem halben Jahrhundert feiert Şevkis Mutter einen christlichen Gottesdienst, und nun sogar an Weihnachten, sie beichtet und empfängt die Heilige Kommunion. Nach dem Kirchgang merken alle, wie ungeheuer bewegt die Frau ist. In großem Ernst und tiefer Andacht hat sie die heilige Handlung erlebt. Jetzt ist sie ein verwandelter Mensch, innerlich leichter und strahlender, als wäre ein Wunder geschehen.

»Heilige Muttergottes«, wiederholt sie immer wieder, schüttelt die gefalteten Hände und fährt leise fort: »Ihr guten Menschen, Gott segne euch für das Geschenk dieses Weihnachtsfestes. Dass ich nach so vielen Jahrzehnten der Entbehrung wieder in eine Kirche darf! Ich hatte nicht mehr darauf gehofft.«

Alle sind sehr bewegt, und für alle werden es unvergessliche Feiertage, noch feierlichere, als Weihnachtstage ohnehin sind, Feiertage, die die Herzen berühren und verbinden.

Als die sechs Wochen Winterpause zu Ende gehen, sagt Jülyet ernst:

»Mesih, so geht's nicht weiter.«

»Ich weiß.«

»Die Wochen waren schön, aber jetzt fährst du wieder weg, wer weiß, wie lange. Wir müssen irgendwie zusammenkommen, als Familie.«

»Ja, die Wochen waren sehr schön. Und ja, wir müssen zusammenkommen. Aber wie? Ich kann dich und die Kinder nicht nach Deutschland holen, in meinem Betrieb arbeiten keine Frauen. Hm.« Er denkt nach und schaut in die Luft. »Es gibt also nur eine Möglichkeit: Ich muss eine andere Firma finden, in der auch Frauen beschäftigt werden. Dann kann ich dich holen.«

Ende Januar 1967 ist er wieder in Fürth. Zu Bekannten, die in Würzburg arbeiten und ihn am Wochenende besuchen, sagt er:

»Bitte, wenn ihr von irgendeiner Firma hört, die Mitarbeiter braucht, gebt mir Bescheid. Ich will auch nach Würzburg.«

»Ist gut, wir hören uns mal um.«

Dann heißt es warten. Aber nicht sehr lange.

»Abdulmesih«, sagt der Bekannte am Telefon, »hier ist vielleicht was für dich.«

»Ja? Was ist es denn?«

»Hier ganz in der Nähe, ein wenig mainaufwärts, in Ochsenfurt, gibt es eine Firma, die Wohnwagen baut, ganz frisch gegründet, die Firma Knaus. Entsprechend werden für verschiedene Gewerke Arbeiter gesucht. Da könntest du gute Chancen haben.«

»Oh, das wäre wunderbar. Ich danke dir tausendmal!«

Abdulmesih nimmt bei der Bauleitung drei Tage frei und fährt nach Ochsenfurt, aber dort ist das Firmenbüro noch gar nicht fertig, so neu ist noch alles. Er fährt also nach Marktbreit, noch ein wenig weiter mainaufwärts, und spricht im Büro der Firmenchefin vor.

»Ja, worum geht's?« fragt sie. Sie ist eine fränkische Geschäftsfrau mit geradem Sinn.

Abdulmesih stellt sich höflich vor, erklärt, dass er Arbeit sucht, und berichtet in gutem Deutsch seinen Werdegang: seine Ausbildung und Berufserfahrung bis hin zu seinem einjährigen Aufenthalt in Fürth.

Die Chefin kneift die Augen zusammen und nickt. »Sie sind also gelernter Schreiner«, fragt sie nach.

»Schreiner, ja.«

»Gut. Dann einverstanden, Sie können bei uns im Werk Ochsenfurt anfangen, Ende April.«

Abdulmesih freut sich wie ein König, bleibt aber nach außen kühl und nüchtern.

»Vielen Dank«, sagt er. »Und was ist der Stundenlohn?«

»Sie bekommen drei Mark sechzig die Stunde.«

»Drei Mark sechzig? Ich bin gelernte Fachkraft mit Berufserfahrung, Entschuldigung, das ist zu wenig.«

Die Chefin kneift wieder die Augen zusammen und nickt. »Hm ...«, sagt sie und reckt das Kinn ein wenig nach vorn, »wir wissen ja nicht, ob Sie die erforderliche Arbeit überhaupt leisten.«

»Gut, aber wenn ich sie leiste, dann möchte ich mehr Lohn.«

»Einverstanden, so können wir's machen.«

Zwei von Abdulmesihs Landsleuten arbeiten bereits bei der Firma Knaus. Er fragt sie nach einer möglichen Unterkunft und erfährt: In Ochsenfurt in der Mittleren Badgasse gebe es eine Dame, bei der solle er einmal nachhören. Er geht hin.

»Na ja, ich habe ein kleines Zimmer mit zwei Betten, schauen Sie. Eines von den Betten ist schon vermietet, das andere ist noch frei, Frühstück und Badbenutzung sind mit dabei.«

Das Zimmer ist sehr einfach, nicht gemütlich und enthält nur das Nötigste, aber Abdulmesih ist nicht wählerisch. Er weiß: Das ist nur eine notwendige Durchgangsstation zur familiären Zukunft. »Abgemacht!«

Zurück in Fürth kündigt er, packt nach 14 Tagen seine Sachen, verabschiedet sich von Barsavmo und seinen Kollegen und siedelt nach Ochsenfurt um. Beruhigt schläft er die erste Nacht im neuen Bett. Anderntags geht er zum Einwohnermeldeamt, wo er Unterlagen erhält, mit denen er zum Personalchef der Firma Knaus geht.

»Bestens«, sagt der Personalchef, »am 24. April fangen Sie an.«

Am ersten Arbeitstag steht Abdulmesih morgens in der Werkshalle. Der Schreinermeister erscheint und nimmt ihn mit in die Schreinerei, wo er in die Fräsmaschinenabteilung kommt. Sein Vorarbeiter ist ein aufgeräumter, ruhiger Mensch. Er begrüßt Abdulmesih, zeigt ihm alles und führt ihn in seine Tätigkeit ein.

Wie immer arbeitet Abdulmesih zügig und zuverlässig, er lernt schnell, und man merkt, dass er am liebsten eigenverantwortlich arbeiten möchte. Nach ein paar Wochen erledigt er seine Aufgaben ganz selbständig, zur großen Zufriedenheit seines Vorarbeiters. Als im Juli eine Betriebsversammlung stattfindet, macht ihn der Seniorchef Knaus zum Dolmetscher für die Sprachen Türkisch, Aramäisch und Kurdisch. In solch verantwortlicher Position vermittelt er künftig Sorgen und Wünsche der Mitarbeiter dem Personalchef.

In der Firma gibt es auch eine Abteilung, in der die Stoffe für die Ausstattung der Wohnwagen genäht werden. Diese Abteilung ist noch in Marktbreit, sie soll aber bald auch nach Ochsenfurt verlegt werden. Abdulmesih geht zum Personalchef.

»Meine Frau ist Näherin«, sagt er und bittet darum, dass sie namentlich angefordert wird. Dem Personalchef ist das ganz recht, die Firma ist im Aufbau, und es werden günstige Arbeitskräfte gebraucht. Dasselbe Verfahren wie im Falle von Abdulmesihs Bruder wird in die Wege geleitet, und alles könnte so geschmeidig laufen, aber Jülyet verliert ihren Personalausweis. Sie muss einen neuen Ausweis beantragen, dazu muss sie noch eine Geburtsurkunde aus ihrer Vaterstadt besorgen, und viel Zeit geht verloren. Schließlich bekommt sie ihre Legitimationskarte und damit die Erlaubnis, nach Deutschland auszureisen.

Dort ist Abdulmesih inzwischen nicht faul gewesen. Zu seiner Vermieterin hat er gesagt, dass seine Frau kommt und er jetzt ein eigenes Zimmer braucht.

»Na ja«, sagt die Vermieterin, »hier gäbe es so ein kleines Zimmer, schauen Sie, mit Kochnische und fließend Wasser …«

»Sehr gut.«

»Na ja, aber halt ohne Abfluss …«

Abdulmesih beißt die Zähne zusammen. Das Zimmer ist wirklich keine Spur wohnlich, schon gar nicht, wenn er an sein Haus in der Heimat denkt, aber was soll er machen? Er nimmt das Zimmer.

In der letzten Augustwoche soll Jülyet mit dem Zug in München ankommen, so wie Abdulmesih selber vor anderthalb Jahren. Per Brief informiert sie ihn über Tag und Zeit ihrer Ankunft. Inzwischen hat sich außerdem Barsavmo aus Fürth bei ihm gemeldet, der gleichfalls zu Knaus nach Ochsenfurt wechseln will. Abdulmesih spricht also mit dem Betriebsleiter, der einwilligt, und am Tag von Jülyets Ankunft holt er seinen Bruder ab und fährt mit ihm nach München. Dort warten sie auf Jülyet.

Es geht gegen Mittag, der Bahnsteig ist voll. Dann rollt langsam der Zug aus İstanbul ein. Wo ist Jülyet unter all diesen Menschen? Dort ist sie! Klein und erschöpft, mit zu viel Gepäck, so steht sie im Gedränge und schaut sich um in diesem fremden Land mit seinen ordentlichen, sauberen Bahnsteigen. Wo ist hier einer, den sie kennt? Dort, mit aufgeregten Schritten und suchenden Augen bahnt er sich einen Weg, jetzt hat er sie entdeckt, er hebt die Arme, jetzt schließt er sie um seine junge Frau, und er merkt, wie er diesen Duft vermisst hat.

Kapitel 8

Drei frohe Menschen sitzen im Bahnhofsrestaurant beim gemeinsamen Essen, sie erzählen und lachen. Und doch ist die Stimmung nicht entspannt. Jülyet denkt an Fikri und Fuat, die nicht mitgekommen sind, die zuhause bei den Großeltern geblieben sind, und sie fängt an zu begreifen, was Abdulmesih die letzten Jahre empfunden hat. Sie fühlt gleichzeitig das Glück, ihren Mann wiederzuhaben, und den Verlust ihrer Kinder, und es hilft nichts, sich zu sagen, dass sie in guten Händen sind und dass alles das hier nur vorübergehend ist.

Im Ochsenfurter Werk wird Barsavmo, nachdem alle Formalitäten erledigt sind, zur Bandarbeit eingeteilt. Jülyet beginnt im September in Marktbreit.

Manchmal ist schwer zu entscheiden, ob die neue Situation für Abdulmesih und Jülyet besser oder schlimmer ist als zuvor. Die Kinder fehlen ihnen jetzt noch mehr, doch zugleich wissen beide, dass hier in Deutschland sich eine Zukunft abzeichnet, die es in der Heimat nie gegeben hätte. Es ist ein schreckliches Dilemma, beide sind bedrückt, Jülyet weint ständig.

»Wir müssen die Kinder holen, Mesih!«

Abdulmesih atmet durch, natürlich müssen sie das, aber dafür brauchen sie eine größere Wohnung, und dafür brauchen sie mehr Geld. Verdienen sie genug, wird das alles hinkommen?

Eines Tages erfährt Abdulmesih von einer Wohnung im Lindhartweg. Nach Arbeitsschluss gehen er und Jülyet hin, zu Familie Hemm. Die Wohnung hat ganze anderthalb Zimmer, Dusche und separate Kochgelegenheit.

»Entschuldigung«, fragt Abdulmesih mit Blick auf eine geschlossene Zimmertür, »und was ist mit diesem Zimmer?«

»Ja«, ist die Antwort, »da ist noch ein Zimmer, aber das ist für meinen Sohn, wenn er am Wochenende kommt, das ist nicht zu mieten.«

Auch diese Wohnung ist zu klein, aber immerhin etwas geräumiger als die bisherige, und in der Hoffnung, dass sich mit dem zusätzlichen Zimmer vielleicht etwas ergibt, mieten Abdulmesih und Jülyet die Wohnung und ziehen ein. Die Hoffnung ist leider umsonst, und sie müssen weiter nach einer größeren Wohnung suchen.

Im August ist Betriebsurlaub bei Knaus, aber von einer Reise in die Heimat kann bei Abdulmesih keine Rede sein, die Wohnungssuche geht vor. Tatsächlich, mitten im Urlaub erfährt er von einer Wohnung in der Marktbreiter Straße, Nummer 22. Sofort macht er sich mit Jülyet auf den Weg. Sie fallen fast in Ohnmacht: die Wohnung hat vier Zimmer, Küche und Bad mit WC und ist 115 Quadratmeter groß – es ist der reinste Traum.

»Wir möchten die Wohnung mieten«, sagt Abdulmesih, ohne zweimal überlegen zu müssen.

Er erfährt: Die Wohnung gehört einer Erbengemeinschaft aus Geschwistern, für die Vermietung ist der älteste Bruder zuständig. Er heißt Albach. Sofort eilen beide zu seiner Wohnung, es ist schon Abend und wird dunkel.

Albach ist aber nicht zuhause, er macht gerade seinen Abendspaziergang mit dem Hund. Das kann jedoch Abdulmesih und Jülyet jetzt nicht mehr irritieren, dann wartet man eben auf ihn. Beide bleiben in der Nähe der Haustür, damit sie ihn nicht verpassen, wenn er zurückkommt. Da, Schritte! Das muss er sein, der Herr Albach mit seinem Hund!

»Entschuldigung«, sagt Abdulmesih und tritt ihm höflich entgegen, »sind Sie Herr Albach?«

Der Mann bleibt stehen, schaut die beiden skeptisch an und zieht an der Hundeleine. »Ja, warum?«

»Guten Abend, Herr Albach, meine Frau und ich interessieren uns für die Wohnung in der Marktbreiter Straße.«

»Ah ja.«

»Wir möchten die Wohnung gerne mieten.«

»Hm«, macht Albach, wackelt an der Leine und will weitergehen, »ich glaube, daraus wird nix, die wird für euch zu teuer sein.«

Aber Abdulmesih lässt nicht locker. »Wie hoch ist denn die Miete?«

»Hundertachtzig.«

Hundertachtzig Mark! Abdulmesih schluckt, ist aber kaum überrascht. Natürlich: So viel kostet eine solche Wohnung. »Herr Albach, ich bin bereit, die Summe zu bezahlen.«

Albach bleibt wieder stehen. »Aha? Hm, na gut, wenn das so ist, dann kommt morgen früh zur Eisenhandlung Schmied in der Hauptstraße, das ist mein Schwager. Da können wir den Mietvertrag machen.«

Abdulmesih reicht ihm die Hand. »Abgemacht.«

Albach lächelt und schlägt ein.

Als Abdulmesih am nächsten Morgen um neun Uhr beim Eisen-Schmied erscheint, lächelt Albach erneut, als hätte er es für möglich gehalten, dass Abdulmesih es sich noch anders überlegt. Aber nein: Ein Mann, ein Wort, das ist schön! Auch bei Abdulmesih ist die Erleichterung riesig, er seufzt.

»Ach, und wenn wir jetzt noch Möbel hätten und Öfen und Licht ...«

»Möbel«, sagt Schmied, »kann ich euch nicht geben, aber ich könnte euch vier Ölöfen reinstellen und ein paar Lampen aufhängen.«

»Wirklich? Oh, vielen Dank, Herr Schmied!«

So geschieht es. Und woher bekommt man jetzt Möbel, erschwingliche? Abdulmesih fährt mit Jülyet nach Würzburg in ein Gebrauchtmöbellager und sucht Schlafzimmermöbel, Schrank, Tisch, Stühle, Sessel zusammen und handelt mit dem Verkäufer einen Preis aus, der die Lieferung frei Haus mit einschließt. Am 1. September wird die Wohnung bezogen, erst fehlen noch die Vorhänge, aber Jülyet näht sofort welche.

Auch Jülyets Schwester Janet und ihr Mann Antranik, der Armenier ist, haben sich namentlich von der Firma Knaus anfordern lassen. Als sie Mitte des Monats eintreffen, ziehen sie mit in die geräumige Wohnung. Auch sie finden in der Heimat kein genügendes Auskommen, und auf diese Weise wird außerdem die Miete günstiger. So leben die vier zusammen wie eine Familie.

In der Uffenheimer Straße, unweit der Wohnung, gibt es einen kleinen Lebensmittelladen, der tatsächlich auch türkische Spezialitäten führt. Abdulmesih ist begeistert, als er das entdeckt. Der Inhaber des Ladens ist ein unkomplizierter, äußerst hilfsbereiter

Mann namens Hillenbrand, mit dem Abdulmesih bald ins Gespräch kommt. Hillenbrand hilft oft mit alltäglichen Hinweisen und ist offenkundig gern mit Menschen zusammen. Als er erfährt, dass Abdulmesih zwar aus der Türkei kommt, jedoch Christ ist, staunt er.

»Ach, kein Moslem? Ja … stimmt …«, er schaut in die Luft, als fiele ihm etwas ein, »stimmt, da gibt es ja Christen, irgendwo hinten weit in der Türkei, gell … Armenier?«

»Ja, die gibt es. Aber wir sind Aramäer.«

»Ah so, und das ist noch mal was anderes?«

»Das ist was anderes.« Und Abdulmesih erklärt, was es mit seinem uralten Glauben auf sich hat.

Hillenbrand ist beeindruckt. »Was, so alt? Und die Sprache Jesu? Syrisch-orthodox? Unglaublich, dass ich davon überhaupt noch nie gehört hab!«

»Interessieren Sie sich dafür?«

»Ja, natürlich, ich bin ja selber ein Christ, katholisch, gell, und finde es unglaublich, dass es so vergessene Christen gibt, von denen hier keiner was weiß.«

»Ja, und wir haben es in der Türkei schwer. Man bedrängt uns und hat uns verfolgt, unsere Lage ist schlecht.«

»Verstehe, aber da muss man doch was unternehmen! Das kann doch nicht sein, dass das hier kein Mensch weiß!«

Hillenbrand meint es ernst, er sagt die Dinge nicht einfach so dahin, das merkt Abdulmesih. »Etwas unternehmen«, wiederholt Abdulmesih, »das sage ich mir auch. Ich möchte für meine Glaubensgeschwister in der Türkei, aber auch hier in Deutschland unbedingt etwas tun.«

»Jawohl, sehr gut, etwas tun! Und was könnte das sein?«

»Herr Hillenbrand, man kann etwas schreiben und in der Zeitung drucken.«

Hillenbrand klatscht in die Hände. »Ha, genau! Das kann man!«

Abdulmesih traut sich aber noch nicht zu, auf Deutsch selber etwas zu verfassen.

»Gar kein Problem«, sagt Hillenbrand, »ich kann's machen, Sie sagen mir einfach, was ich schreiben soll, gell.«

So entsteht der Artikel ›Vergessene Christen im Orient‹, der kurz darauf im Kurier erscheint und die Menschen aufmerksam macht auf eine so gut wie unbekannte christliche Glaubensgemeinschaft in einem islamisch geprägten Land. Und was geschieht? Briefe von überallher erreichen Abdulmesih, Menschen nehmen Anteil und bieten ihre Hilfe an. Abdulmesih ist glücklich.

Auch Hillenbrand ist begeistert von der Reaktion. »Mensch, und weißt du was, Abdulmesih, jetzt schreiben wir an den Bundespräsidenten Scheel und den Arbeitsminister Stangel! Warum nicht? Die sollen auch wissen, was los ist, die sollen sich auch für euch einsetzen, gell!«

Und beide antworten auch, sowohl Scheel wie Stangel.

»Und kennst du eigentlich schon den Pfarrer, Abdulmesih? Komm, ich mache dich mit ihm bekannt!«

Abdulmesih und Hillenbrand besuchen den katholischen Pfarrer Zobel. Und vom allerersten Moment an, schon bei der Begrüßung, fühlt sich Abdulmesih wohl und ruhig, und er merkt, dass er die ganze Zeit lächelt. So ein warmherziger, gemütvoller Mensch ist Pfarrer Zobel.

»Ich verstehe«, sagt der Pfarrer ein wenig bekümmert, »ich verstehe sehr gut. Ihr seid hier in Ochsenfurt und Umgebung schon ein paar aramäische Christen. Aber ihr seid zerstreut, wie die ersten Christen auch, und ihr habt keinen Pfarrer und keinen Kirchenraum. Das ist kein Zustand. Ich will sehen, was ich für euch tun kann. Einstweilen«, fügt er lächelnd an, »wenn ihr mögt, könnt ihr ja mit mir vorliebnehmen. Im Ernst: Wenn euch irgendetwas fehlt, könnt ihr jederzeit zu mir kommen, jederzeit.«

»Zu mir auch«, ergänzt Hillenbrand und lacht.

»Willkommen in Ochsenfurt«, sagt Pfarrer Zobel.

Jetzt weiß Abdulmesih, dass er in Deutschland angekommen ist.

Pfarrer Zobel tauft also Kinder und stellt Räume für die syrisch-orthodoxe Liturgie zur Verfügung.

Abdulmesih weiß, dass Gott ihn immer begleitet hat, von der Heimat im Tur Abdin bis ins fremde Deutschland, das Abdulmesih sich zur neuen Heimat wählt. Nicht nur er selber, sondern auch Gott findet jetzt einen Ort, an dem er sich niederlassen kann.

Was jetzt noch fehlt, bitter fehlt, sind die Kinder. Es ist wirklich höchste Zeit! Aber Fikri und Fuat kann man nicht einfach am Wochenende nach Deutschland holen, dafür braucht man viel Zeit, schon wegen der gewaltigen Entfernung. Dafür braucht man den Betriebsurlaub im August. Wie kann man die Entfernung eigentlich überwinden? In Zügen, mit zwei kleinen Kindern, viertausend Kilometer weit? Keine schöne Vorstellung.

Abdulmesih merkt seit einiger Zeit, dass ein Auto das Leben viel leichter machen würde. Mit dem Auto könnte man dann auch die Kinder holen. Er geht also zur Fahrschule Seifert und meldet sich an.

»Hier bitte«, sagt der Fahrlehrer und gibt ihm zwei Bücher, »dadrin stehen die ganzen Verkehrsregeln, die Verkehrszeichen und so weiter, und auch die Fragen dazu. Das müssen Sie lernen. Und abends, nach Feierabend, fahren wir dann.«

Nach ein paar Wochen folgt die theoretische Prüfung und noch eine Woche später die praktische, die Abdulmesih beide problemlos besteht. Der Prüfer drückt ihm die Hand und überreicht ihm seinen nagelneuen Führerschein, die ›Fahrerlaubnis‹, wie er sich ausdrückt. 160 Mark hat Abdulmesih insgesamt dafür investiert, die Quittung hebt er sich gut auf.

Jetzt fehlt nur noch das Auto. Weiß jemand was von einem gebrauchten?

»Ja«, sagt der Personalchef, »ich will meinen 64er Opel Rekord verkaufen. Interessiert?«

Und da ist also auch das eigene Auto, ein sehr schmucker Wagen. Jetzt heißt es Üben für die viele hundert Kilometer lange Strecke von der neuen in die alte Heimat und wieder zurück. Jedes Wochenende wird durch die Gegend gefahren, mainauf- und -abwärts, und Abdulmesih, Jülyet, Janet und Antranik lernen nebenbei noch das Frankenland näher kennen.

Dann kommt der August, alle vier nehmen vier Wochen Urlaub und steigen in den Opel. In sommerlicher Wärme geht es in Richtung Süden, durch Österreich und Jugoslawien. Abdulmesih fährt besonnen – andere nicht unbedingt.

»Das haut nicht hin!« schreit Antranik auf dem Beifahrersitz und reißt panisch den Finger nach vorn.

Das Auto, das Abdulmesihs Opel gerade überholt hat, gerät beinah in den Gegenverkehr und schert im letzten Moment haarscharf vor Abdulmesih ein, wobei es den Opel rammt, während Abdulmesih mit voller Kraft auf die Bremse steigt.

Bei den vier Insassen aus Ochsenfurt ist der Schreck groß, alle sind kreideweiß. Nicht auszudenken, wenn etwas passiert wäre! Abdulmesih schickt ein Dankgebet zum Himmel. Bis die Polizei auftaucht, die den Unfallhergang aufnimmt, vergehen vier Stunden. Bei allem Ärger über diesen Zwischenfall überwiegt das Gefühl, davongekommen zu sein. Immerhin haben Motor und Karosserie keinen Schaden genommen, und so geht es weiter nach Bulgarien. In Belgrad sucht Abdulmesih eine Werkstatt, die den Wagen reparieren kann.

»Drei Tage«, sagt der KFZ-Schlosser nach einem kurzen Blick und zuckt mit den Schultern.

»Drei Tage was?«

»Wird's dauern.«

»Drei Tage?«

Der Schlosser zuckt erneut mit den Schultern. »Bis ich die Ersatzteile habe. Und du zahlst im Voraus.«

»Im Voraus?«

»Sonst bist du auf und davon, ich kenn das«, sagt der Schlosser und zuckt schon wieder mit den Schultern.

Abdulmesih überlegt: Drei Tage Hotel und Verpflegung für vier Leute, das kann teuer werden. Nein, das macht er nicht. Alle steigen wieder ins verbeulte Auto und fahren weiter.

Tags darauf erreichen sie İstanbul und setzen mit der Autofähre in den asiatischen Teil über. Unmittelbar hier, in Üsküdar, sind Janet und Antranik zuhause. Die ersten knapp 2300 Kilometer sind geschafft. Abdulmesih und Jülyet ruhen sich für zwei Tage aus, bevor sie zum zweiten Teil der Reise aufbrechen, der nochmals 1700 Kilometer lang ist. Diesen Teil unternehmen sie mit Zug und Bus und lassen das Auto bei Antranik, der es inzwischen reparieren lassen soll.

Nach zweitägiger Fahrt erscheint Midyat. Abdulmesih steckt den Kopf aus dem Zugfenster in den Wind. Die Luft ist immer noch dieselbe, aber sonst? Unbeschreibliche Gefühle steigen in ihm auf, Gefühle von Heimat und Fremde zugleich. Jedes Mal, wenn er bisher in seine alte Heimat zurückgekehrt ist, war er ein anderer als beim Aufbruch. Aber diesmal ist es besonders deutlich. So vieles ist in der Zwischenzeit passiert, er hat ein neues Leben begonnen, in einem fernen Land mit andersartiger Kultur, ein ganz und gar eigenes Leben, und es hat mit dieser Stadt, mit diesem Land und vielleicht sogar mit seinen Menschen nichts mehr zu tun.

Aber mit diesen Menschen, die sich jetzt lachend und rufend und weinend in den Armen liegen, hat Abdulmesihs Leben noch zu tun, mehr als je zuvor. Die Kinder lassen ein wenig Scheu erkennen, schauen aus großen Augen auf ihre Eltern und kleben erst noch ein bisschen an den Großeltern. Auch für die Eltern sind die ersten Momente ungewohnt, aber Fikri und Fuat sind auf die Ankunft ihrer Eltern gut eingestimmt worden, und als das Ungewohnte sich legt, kehrt die Freude ein.

Jetzt endlich können Abdulmesih und Jülyet ihre Anspannung loslassen. Eine Woche ruhen sie sich aus und treffen Vorbereitungen für die große Reise. Seltsam, fühlt es sich nicht schon an wie eine Heimreise? Aber die Reise hierher hat sich auch so angefühlt, oder nicht ganz vielleicht. Für die beiden Kinder jedenfalls ist es keine Heimreise.

»Fikri, Fuat, wisst ihr, wohin wir fahren? Nach Deutschland«, sagt Abdulmesih. »Das ist ein schönes Land, da werden wir endlich zusammen sein. Nur leider ist es ganz weit weg.« Indem er das sagt, versteht er plötzlich gar nicht mehr, wie alles gekommen ist und warum es eigentlich so sein muss. Ein schönes Land haben wir doch hier auch, hier könnten wir doch auch zusammen sein, ganz so wie viele Generationen unserer Vorfahren. In Fikris und Fuats blanken Augen glaubt er zu lesen, dass sie auch so etwas denken. Wie soll man den Kindern erklären, dass es nicht geht, obwohl doch alles so einfach sein könnte?

Kapitel 9

Abdulmesih geht aufs Passamt in Mardin, um für die Ausreise seine beiden Söhne in seinen Pass eintragen zu lassen.

»Hm«, macht der Passbeamte, »da müssen wir aber vorher Ihren Pass überprüfen.«

»Wieso überprüfen?«

»Ob er echt ist. Der wurde nicht hier ausgestellt, sondern in Diyarbakır.«

»Wie lange dauert das?«

»Wenn wir telegrafieren, sind die Unterlagen spätestens morgen da. Sie müssen aber die Kosten fürs Telegrafieren übernehmen.«

»Morgen ... gut, meinetwegen.«

Abdulmesih zahlt fürs Telegrafieren, und es vergehen zwei Tage, während denen er sich im Hotel einmietet. Nichts tut sich, das hätte man sich ja auch denken können. Die Zeit läuft, der Urlaub dauert nicht ewig, und ein langer Weg liegt noch vor ihnen.

Im Wartezimmer des Amtes spricht Abdulmesih einen Mitarbeiter an: »Herr, entschuldigen Sie bitte, aber ich muss dringend meine Söhne in meinen Pass eintragen lassen. Ich warte nun schon zwei Tage, und nichts geschieht, und mir läuft die Zeit davon. Was tue ich am besten?«

»Nun ja«, sagt der Mann nicht ohne Langeweile und wiegt seinen Kopf, »ich verstehe Ihr Problem, aber Sie müssen auch die Dienstabläufe verstehen. – Verstehen Sie die denn?« setzt er nach und blickt Abdulmesih nachdrücklich an.

Abdulmesih nickt. »Ich denke schon. Wollen Sie bitte, Herr, hier meinen Pass dem Herrn Direktor bringen?«

Der Mitarbeiter nimmt den Pass lächelnd in Empfang und begibt sich damit zum Direktor, der im Inneren seines Büros alsbald mit geübten Fingern dem Pass die 200 Lira entnimmt, die Abdulmesih hineingesteckt hat.

Um 12 Uhr darf Abdulmesih persönlich vorsprechen.

»Hereinspaziert, guter Mann, treten Sie näher, nehmen Sie Platz!« begrüßt ihn der Direktor aufs freundlichste. »Kann ich Ihnen etwas anbieten, es ist so heiß, Ayran vielleicht?«

Kaltes Ayran wird gebracht, Abdulmesih dankt, setzt sich und sieht zu, wie der Direktor eigenhändig und mühelos Fikri und Fuat in seinen Pass einträgt und einen amtlichen Stempel draufdrückt. »Hier bitte, so einfach«, flötet der Direktor, während er ihm den fertigen Pass überreicht.

Aber damit kommt er bei Abdulmesih schlecht an. »Herr Direktor«, sagt er bissig, »zwei Tage habe ich im Hotel gewartet, für diese zwei Minuten. Das hätten Sie mir gleich sagen können, dass es nur am Geld hängt, dann hätte ich es Ihnen einfach gleich gegeben, statt es für Übernachten und Essen zu verschwenden. Wer weiß, das hätte sich für Sie vielleicht sogar noch mehr gelohnt, da haben Sie jetzt ein schlechtes Geschäft gemacht. Wenn das nächste Mal ein Christ bei Ihnen auftaucht, sagen Sie ihm einfach gleich, worum es geht. Wir Christen sind in dieser Hinsicht ungefährlich, wir dürfen Schmiergeld verteilen, und wir verpfeifen niemanden. Auf Wiedersehen.«

Der Abschied von Midyat.

Viele Tränen fließen, die Großeltern, die alleine zurückbleiben, sind todtraurig, es ist schwer, ihnen ohne schlechtes Gewissen in die Augen zu sehen. Sie hängen an ihren beiden Enkeln, mit denen sie nun so lange zusammengelebt haben, von ihrer Geburt an.

»Mach dir keine Gedanken, Mesih«, sagt Vater Davut bemüht, während er Abdulmesih beiseitenimmt. »Deine Mutter und ich, wir werden es schon verkraften.« Er seufzt und lächelt. »Weißt du, Mesih, Enkel machen wieder jung. Wenn sie fort sind, fürchte ich, sind wir auf einen Schlag alt. Aber das ist das Leben. Es geht ja nicht um unseres, sondern um eures.«

»Es hilft nichts, Vater, wir müssen sie in Deutschland in den Kindergarten geben, dann in die Schule ...«

Vater Davut hebt abwehrend die Hand. »Du musst dich nicht entschuldigen. Natürlich ist es für die Kinder so das Beste.«

Fikri und Fuat, fünf und vier Jahre alt, sind aufgeregt und verwirrt. Sie begreifen nur, dass etwas ganz Neues auf sie zukommt, zuerst eine ungeheuer lange Reise und dann ein fremdes, fernes Land, in dem sie von jetzt an leben sollen. Sie verlieren die einzige Heimat, die sie jemals hatten, in die sie hineingewachsen sind. Ihre Großeltern werden sie jetzt für unbestimmt lange Zeit nicht mehr sehen, überall sind Tränen, auch in ihnen selbst, und mitnehmen dürfen sie nur das Nötigste. Dafür wartet etwas auf sie, von dem die Eltern in hellen Farben und mit warmer Begeisterung erzählen. Sie erzählen von Lebensmittelgeschäften mit vollen Regalen, in denen sogar türkische Dinge stehen. Sie erzählen von dem eigenen Auto, von Fortschritt und Sauberkeit, von Wohlstand und elektrischen Geräten, von ärztlicher Versorgung und ordentlichen Beamten. Fikri und Fuat verstehen das alles kaum, aber sie begreifen, dass ein ›besseres Leben‹ auf sie wartet, und obwohl sie sich gar nichts Besseres vorstellen können als das, was sie hier haben, sind sie neugierig.

Mit dem Zug geht es zurück nach İstanbul, zu Janet und Antranik, die inzwischen das Auto haben reparieren lassen. Auch sie selbst nehmen ein Kind mit nach Deutschland, ihre kleine Tochter, und so besteigen vier Erwachsene und drei Kinder mit dem dazugehörigen Gepäck den Opel Rekord, der unter der Last ächzt.

Die Sache geht auch nicht lange gut. Sie kommen eine Stunde weit, bis Kumburgaz, noch im Landkreis von İstanbul. Das Auto schleppt sich im Schritttempo voran, und Abdulmesih schafft es mit knapper Not in eine Werkstatt.

»Die Bremsscheiben sind hinüber.«

»Fabelhaft. Können Sie's reparieren?«

»Kann ich, ist nicht sehr kompliziert, ich muss nur in der Stadt die Ersatzteile besorgen.«

Am Ende dauert die Operation insgesamt acht Stunden, dann geht es mit frischen Bremsen weiter in Richtung Nordwesten, durch Bulgarien und Jugoslawien bis nach Österreich. Es ist Sonntag, und bei Graz gibt die Lichtmaschine ihren Geist auf.

»Was für eine Karre hat dir der Personalchef denn da verkauft?« fragt Antranik halb belustigt, halb entnervt.

»Seine alte«, sagt Abdulmesih matt.

Sonntags haben hier zwar die Läden zu, aber zum Glück spricht man hier Deutsch. Abdulmesih bringt es fertig, einen Händler für Ersatzteile aufzutreiben, der ihnen eine gebrauchte Lichtmaschine verkauft.

»Ausnahmsweise, weil ihr ja noch a Stückerl weitermüssts!«

»Sehr freundlich von Ihnen, vielen Dank.«

Endlich, am Abend desselben Tages, erreichen sie Ochsenfurt. Sie sind fix und fertig und können sich kaum freuen. Zumal: Es ist der letzte Urlaubstag, und morgen soll sofort der Arbeitsalltag losgehen. Auch die Kinder sind erschöpft und neben der Spur, aber sie beweisen ihre kindliche Geschmeidigkeit und nehmen die neuen Verhältnisse von der abenteuerlichen Seite. Sie spazieren in der Wohnung herum, besehen sich dies und das, sagen zwar wenig, wirken aber nicht unzufrieden. Nach dem Essen, das heimatlich schmeckt, sind sie mehr als bettreif.

Wenn Abdulmesih nicht so müde wäre, würde er sich vielleicht glücklich fühlen. Vorerst aber bohrt in ihm die Frage, ob das alles richtig ist. War es richtig, sinnvoll, gut, die Kinder hierherzuholen? War es wirklich notwendig, unbedingt notwendig, hier in der Ferne ein neues Leben anzufangen? War es unbedingt notwendig, dass Abdulmesih vor nunmehr drei Jahren die alte Heimat verlassen hat? Dass er die

Familie so zerrissen hat? Und sie ist immer noch zerrissen, nicht nur, weil sie noch gar keine Zeit hatte, zusammenzuwachsen, sondern auch, weil die Großeltern jetzt einsam viertausend Kilometer weit weg wohnen. War all das notwendig, war es das wert? Kinder, die ihren Vater entbehren, eine Ehefrau, die ihren Mann entbehrt, ein Mann und Vater, der Frau und Kinder entbehrt, Großeltern, die Kinder und Enkel entbehren. »Guter Gott im Himmel«, betet Abdulmesih und knetet die Hände, »bitte hilf, dass alles gut wird.« Denn im Augenblick, trotz der äußerlich verbesserten Lage, ist es das nicht.

Anderntags geht die Sonne auf, und alles sieht nicht mehr ganz so trübe aus. Abdulmesih und Jülyet wissen, dass sie ihre Kinder unter demselben Dach haben, und ihnen wird warm ums Herz.

Abdulmesih beschließt, diesen Tag noch frei zu nehmen. Er geht aufs Rathaus und meldet Fikri und Fuat an.

»Ah«, sagt der Beamte, »haben Sie Ihre Kinder zu sich geholt?«

Abdulmesih atmet lachend aus. »Ja, endlich.«

Vor sieben Jahren haben Abdulmesih und Jülyet sich verlobt, vor sechs Jahren haben sie geheiratet, zwischen Verlobung und Hochzeit ist Abdulmesih in Syrien auf Arbeit gewesen, nach der Hochzeit erneut. Vor fünf Jahren ist Fikri geboren worden, und Abdulmesih ist in Syrien gewesen. Vor vier Jahren ist Fuat gekommen, und kein halbes Jahr später ist

Abdulmesih für drei Jahre nach Deutschland verschwunden. Das alles hat jetzt ein Ende! Ein neuer Anfang ist gemacht.

Kein leichter Anfang allerdings. Fikri und Fuat können noch keine einzige Silbe Deutsch, begreifen im Maria-Theresia-Kindergarten nicht, was vor sich geht, und wollen nicht hin. Aber es geht nicht anders. Abdulmesih und Jülyet arbeiten in Vollzeit, Jülyet muss zusätzlich für Haushalt, Essen und Kinder sorgen.

»Mesih, das geht nicht«, sagt sie. »Wer kümmert sich denn um die Kinder? Wer erzieht sie denn? Dass die Kinder, für die wir all das unternommen haben, jetzt zu kurz kommen, darf nicht sein, Mesih.«

»Nein, das darf nicht sein.«

Wieder muss gerechnet werden: Kann Jülyet in Teilzeit arbeiten, kommt das hin? Und macht der Chef überhaupt mit?

»Teilzeit?«

»Ja, bitte, wegen der Kinder. Wir sind jetzt eine Familie, und meine Frau braucht mehr Zeit.«

»Sicher. Hm ... Doch, das kriegen wir hin, keine Sorge.«

Ja, wiederholt sich Abdulmesih, das kriegen wir hin, keine Sorge. Im Vertrauen auf Gott kriegen wir es hin. Und Fikri und Fuat lernen mit der Kindern eigenen Schnelligkeit die neue Sprache und fühlen sich im Kindergarten bald nicht mehr wie von einem

Stern gefallen. Das Leben beginnt sich zu normalisieren, entwickelt seinen eigenen, neuen Rhythmus und schmeckt langsam wieder nach Zukunft.

Nur für die Großeltern in Midyat nicht. Sie können das Leben ohne Familie nur schwer aushalten. Schon im folgenden Jahr, 1970, bringt auf Abdulmesihs Wunsch sein Schwager auf der Rückkehr von einem Urlaub Sara und Davut mit nach Deutschland, damit sie Sohn, Schwiegertochter und vor allem Enkelsöhne besuchen können. Es stellt sich heraus, dass Davut sehr krank ist.

»Gott sei Dank, dass du hier bist«, sagt Abdulmesih. »Komm, Vater, ich bringe dich zum Arzt.«

Der Arzt ist ein wenig bedenklich mit seinem Patienten und überweist ihn nach Würzburg zu einem Urologen. Es ist wie befürchtet, die Prostata-Diagnose bestätigt sich, aber für eine Operation ist es zu spät. Davut erhält einen Katheder und muss regelmäßig zur Kontrolle. Und nun erscheint ein neues Problem.

Sara und Davut haben als Touristen nur eine Aufenthaltserlaubnis für drei Monate. Abdulmesih will bei der Ausländerbehörde im Landratsamt eine Verlängerung der Aufenthaltserlaubnis beantragen. Er füllt Formulare aus und belegt die schwere Erkrankung seines Vaters durch einen Bericht des missionsärztlichen Krankenhauses, in dem der Patient als ›nicht reisefähig‹ beurteilt wird. Der Antrag wird abgelehnt, und Abdulmesih wird darauf hingewiesen, dass im Falle der Terminüberschreitung sein Vater von Amts wegen auf seine eigenen Kosten abgeschoben wird.

Jetzt ist das Dilemma perfekt. Vater Davut ist offenkundig sterbenskrank und hat nach menschlichem Ermessen höchstens noch ein paar Jahre zu leben. Dies allerdings nur bei guter medizinischer Versorgung. Wenn er nun in seiner Verfassung zurückkehren muss, bedeutet das in mehrfacher Hinsicht sein Ende, durch seine Erkrankung und durch die Einsamkeit. Er kann nicht allein zurück. Für Abdulmesih bleibt nur eines übrig, das ist er seinem Vater schuldig.

»Herr Knaus«, sagt er zu seinem Chef, »ich danke Ihnen für alle Ihre Hilfe. Aber ich muss nun wieder zurück in die Türkei.«

»Was, wie bitte?« Knaus glaubt, seinen Ohren nicht zu trauen. »Wovon reden Sie?«

»Von meinem kranken Vater, den ich zurück in die Türkei begleiten muss.«

»Moment mal, ganz langsam ... Zurück in die Türkei? Aber Sie wollten doch erklärtermaßen hier in Deutschland bleiben, Sie leben hier, haben Ihre Kinder hier und so weiter und wollten nie mehr weg. Was genau ist denn jetzt los?«

Abdulmesih erklärt es. Dem Chef schwillt der Kamm.

»Moment«, sagt er, greift zum Telefon, dämpft seine Erregung und lässt sich mit der Ausländerbehörde verbinden. Die Erregung flammt alsbald wieder auf. »Was soll das heißen?« donnert er in den Hörer. »Wer sagt das? Das ist doch wohl ein Witz! Geben Sie mir mal jemanden, der zuständig ist! Wie, im Augenblick nicht zu sprechen? Bestens, das wollen wir doch mal sehen.« Er legt auf, puterrot im Gesicht, starrt eine Sekunde lang auf den Schreibtisch, sagt dann zu Abdulmesih: »Sie warten hier«, verschwindet im Aufzug, fährt fünf Stockwerke nach unten, wirft sich in seinen Mercedes und braust davon.

Nach knapp zwei Stunden taucht er wieder auf, immer noch Reströte im Gesicht. »Unglaublich, dieser Übermut der Ämter«, zischt er vor sich hin, lässt sich in seinen ledernen Chefsessel fallen, holt tief Luft und sagt nicht ohne Stolz zu Abdulmesih: »So, mein Lieber, das war eine harte Probe, aber wir haben's hinbekommen. Folgendermaßen: Sie müssen bei der Bank 2000 Mark als Kaution hinterlegen, und das Sparbuch wandert dann ins Landratsamt, dort wird es als Sicherheit aufbewahrt. Unter dieser Bedingung wird die Aufenthaltserlaubnis Ihrer Eltern auf zwei Jahre verlängert. Na, ist das was?«

»Wirklich? Oh ja, Herr Knaus, das ist was. Mir fällt ein Stein vom Herzen, ein Felsbrocken, zwei Felsbrocken!«

Vater Davut darf bleiben. Eine Krankenversicherung findet sich allerdings für den schwerkranken

Mann nicht, alle Arzt- und Krankenhausbesuche müssen privat gezahlt werden. Aber das sind Kinder ihren Eltern schuldig, weiß Abdulmesih.

Kapitel 10

Abdulmesih will für seine aramäischen Glaubensbrüder und -schwestern etwas tun. Er geht zum Personalchef und sagt:

»Ich habe mir etwas überlegt.«

»Ich höre.«

»Meine Mitchristen in der Türkei leben in Armut und Schwierigkeiten, sie sollten nach Deutschland kommen können. Im Betrieb werden doch immer noch Arbeitskräfte gebraucht?«

»Ja, stimmt.«

»Wenn Sie auf normalem Weg Gastarbeiter anfordern, übers Vermittlungsbüro, dann müssen Sie erstens für die Anreise aufkommen und wissen zweitens nicht, wen sie bekommen, und mit Unbekannten arbeitet man nicht so gut zusammen.«

»Ja, ist nicht falsch, und weiter?«

»Werben Sie direkt Verwandte oder Bekannte von Arbeitern an, die schon hier in Deutschland sind. Ich habe gute Beziehungen und kann Ihnen viele meiner Leute nennen, die gerne kommen wollen und die sogar die Anreise selber übernehmen. Das sparen Sie sich erstens und bekommen zweitens fleißige Arbeitskräfte, die einander kennen.«

»Ja«, sagt der Personalchef und sieht freudig überrascht aus, »klingt nicht verkehrt. Das bespreche ich mal mit dem Chef.«

Der gibt grünes Licht. Abdulmesih telefoniert mit Verwandten und Bekannten, die in Deutschland leben, und erzählt ihnen von der verlockenden Perspektive, die sich wiederum für deren Verwandte und Bekannte auftut. Sie sollen ihm die nötigen Unterlagen zukommen lassen, er werde alles Weitere in die Wege leiten. Die Kunde verbreitet sich in kurzer Zeit, und Abdulmesih verhilft auf diese Weise auf Jahre hinaus Fachkräften zu einem guten Einkommen.

Mittlerweile dolmetscht er nicht nur bei der Firma Knaus, sondern auch für andere örtliche Betriebe, für Behörden, Gerichte, Banken, Mieter und Vermieter, Ärzte, Apotheker und Privatleute. Oft ruft man ihn, damit er Missverständnisse aufklären hilft. ›Holen wir doch mal den Abdulmesih!‹ Er ist in Ochsenfurt stadtbekannt, und man weiß, dass man ihm vertrauen kann.

Das Jahr 1971 beginnt mit einer Überraschung: Jülyet wird zum dritten Mal schwanger. Abdulmesih legt lachend die Hände zusammen.

Dann sagt er ernst und voller Dankbarkeit: »Ich bin so froh, Jülyet, dass unsere Lage jetzt sicher ist.«

Tatsächlich, in der Firma hat er eine ungefährdete Stellung, wird im Laufe des Jahres sogar Vertreter der Gastarbeiter im Betriebsrat, die Familie gedeiht, die Großeltern sind dankbar, und auch ins religiöse Leben kommt Bewegung.

In diesem Jahr wird in Augsburg die erste syrisch-orthodoxe Gemeinde auf deutschem Boden gegründet. Für diese Gemeinde wird in Midyat ein eigener Priester geweiht, ein Mann namens Bıtrıs Öğünc. Deutschland hat also jetzt einen syrisch-orthodoxen Pfarrer, einen Pfarrer für etwa 2000 deutsche Gläubige; und außerdem betreut er auch die Christen in Holland, Belgien, Frankreich, Österreich und der Schweiz – ein Pfarrer für ganz Westeuropa: So ist die augenblickliche Situation der aramäischen Christen in der Diaspora. Pfarrer Öğünc ist mit Deutschland bereits gut vertraut, in den 60er Jahren war er eine Zeitlang als Gastarbeiter hier, vor seinem Priesteramt. Aber nicht nur das: Er ist auch ein Schul- und Jugendfreund von Abdulmesih. Als Abdulmesih erfährt, dass Öğünc jetzt als Pfarrer in Deutschland unterwegs ist, lädt er ihn nach Ochsenfurt ein, wo er in der Kreuzkirche den ersten syrisch-orthodoxen Gottesdienst hält.

Im selben Jahr 71 kommt auf Einladung der Universität Göttingen der syrisch-orthodoxe Patriarch Mar Ignatius Jakob III. nach Deutschland, zusammen mit den drei Bischöfen Mor Malatius Barnaba aus Syrien, Mor Athanasius Yeshue Samuel aus Nordamerika und Mor Severius Jamil Hawa aus dem Irak. Es ist ein fulminantes Ereignis für alle syrisch-orthodoxen Christen! Von überallher strömen sie nach Frankfurt, wo der Flieger aus Damaskus landet – Abdulmesih und Pfarrer Öğünc mittendrin. In der Halle des Flughafens wird dem höchsten Geistlichen der aramäischen Christenheit und seiner Delegation ein begeisterter, herzlicher Empfang bereitet. Danach setzt sich der Tross in Richtung Würzburg in Bewegung. Denn dort, im St.-Bruno-Kloster im Steinbachtal, betreiben seit gut zwanzig Jahren Augustinerpater das renommierte Ostkirchliche Institut, das seine Forschungsergebnisse in der kirchenweit bekannten Zeitschrift ›Der christliche Osten‹ publiziert. Das St.-Bruno-Kloster in Würzburg ist im deutschsprachigen Raum die erste Adresse, wenn es um die ostkirchlichen Glaubensgemeinschaften geht. Und es liegt von Ochsenfurt nur 20 Minuten entfernt. Zufall?

Im Sitzungssaal kommt man ins Gespräch über die Lage der syrisch-orthodoxen Christen in der Diaspora, speziell in Europa.

»Was denken Sie, Heiligkeit«, fragt Abdulmesih, »wie es mit uns Aramäern in Europa weitergeht?«

»Eine wichtige Frage«, antwortet der Patriarch, »und leider keine ganz leichte Frage, die Frage nach der Zukunft. Wir kennen die Zukunft nicht, sie liegt in der Hand Gottes, und da ist sie gut aufgehoben. Doch wir wissen natürlich von eueren Nöten: dass ihr euch hier eine neue Heimat aufbaut, aber kirchliches Leben vermissen müsst. Diese Situation ist nicht befriedigend und auch für uns neu, wir suchen selber noch nach Antworten und Lösungen. Ich bitte um Geduld und versichere euch, dass wir eure Lage im Bewusstsein haben.«

»Und ich bin bereit, beim Aufbau der europäischen Gemeinden mit anzupacken, Heiligkeit!«

Am folgenden Tag, einem Sonntag, halten der Patriarch und die drei Bischöfe in der Kirche St. Bruno eine Eucharistiefeier. Es ist für Abdulmesih, der den uralten Ritus mit seiner heiligen Sprache so lange entbehrt hat, ein unvergessliches, herzbewegendes Erlebnis.

Danach reisen die syrisch-orthodoxen Würdenträger weiter nach Frankfurt, Köln und Duisburg – Abdulmesih und Öğünc sind wieder überall mit dabei. Zum Schluss des Deutschlandbesuches berichten der Patriarch und die Bischöfe an der Göttinger Universität über ihre aramäische Glaubensgemeinschaft, bevor sie wieder zurück nach Damaskus fliegen.

Im Oktober des Jahres bringt Jülyet ihren dritten Sohn auf die Welt, der nach seinem Großvater auf den Namen Davit getauft wird. So hat Abdulmesihs Vater es sich gewünscht. Freude und Jubel herrschen im Haus, Abdulmesih strahlt, dankt seinem Gott und ist so glücklich und beschwingt, dass er am nächsten Tag auf der Arbeit jede Menge Freibier stiftet, zu allseitiger fröhlicher Erbauung. Der kleine Davit entpuppt sich bald als ein reges, lustiges Bürschlein, das von seinen großen Brüdern mit abwartendem Interesse beäugt wird. Er wirkt zwar ganz lieb, kommt ihnen aber doch sehr winzig vor, wie er da plötzlich herumliegt oder durch die Gegend getragen wird, und man weiß noch nicht, wozu man ihn gebrauchen kann. Vorläufig ist vor allem festzustellen, dass er die Mutter mit Beschlag belegt. Aber das wird vorübergehen, und Fikri und Fuat haben ja einander.

Auch im Sommer des folgenden Jahres ist Abdulmesih in wichtigen Religionsdingen unterwegs. Gemeinsam mit Pfarrer Öğünc trifft er in Bonn mit Regierungsvertretern zusammen, um über die Lage der syrisch-orthodoxen Türken zu sprechen.

»Sie müssen verhindern«, sagt Abdulmesih, »dass unsere jungen Männer in die Türkei zurückgeschickt werden. Als Christen bekommen sie dort im Militär Schwierigkeiten.«

Man versteht und dankt für diese Einschätzung, auch wenn man nichts versprechen kann.

Im Jahr 1974 schickt der syrisch-orthodoxe Patriarch einen Mönch namens Jeshu Çiçek nach Würzburg, damit er die deutsche Sprache lerne. Çiçek, der bis zu diesem Zeitpunkt Abt von Mor Gabriel gewesen ist, wohnt jetzt im Franziskanerkloster in der Würzburger Innenstadt, hält am Sonntag Gottesdienste in Würzburg und Ochsenfurt und erteilt den aramäischen Kindern Religionsunterricht.

Syrisch-orthodoxe Mönche sind verpflichtet, mittwochs und freitags kein Fleisch zu essen, und so kommt Çiçek zweimal die Woche zu Abdulmesih nach Hause, wo Mutter Sara ihn vegetarisch bekocht. Çiçek ist ein bescheidener, wacher Mensch von stiller Energie, ein paar Jahre jünger als Abdulmesih, und man merkt ihm an, dass auf ihn noch große Aufgaben warten. Er gilt bald als neues Familienmitglied und versteht sich mit Abdulmesih bestens, beide sind von verwandter Gemütsart.

Als im folgenden Jahr der nordamerikanische Bischof Mor Athanasius Yeshue Samuel nach einem Deutschlandbesuch in seine Heimat zurückkehrt, nimmt er Çiçek mit. Er soll Englisch lernen und den Bischof unterstützen.

»Wir bleiben aber in Verbindung, Bruder Mesih«, sagt er zum Abschied.

Und sie schreiben einander regelmäßig; Abdulmesih hält Çiçeks Briefe in Ehren. Unter anderem schreibt Çiçek, er hoffe, bald wieder nach Europa zurückzukehren. Das geschieht auch, im Mai 1977. Im niederländischen Hengelo, wo es die europaweit einzige Kirche in syrisch-orthodoxem Besitz gibt, wirkt Çiçek zunächst als Patriarchalvikar der neuen Diözese von Ost- und Mitteleuropa. Zwei Jahre später weiht ihn der Patriarch zum Erzbischof der syrisch-orthodoxen Diözese von Mitteleuropa.

Abdulmesih, der bisher im Betriebsrat als Gastarbeiter-Vertreter nur Gastrecht besessen hat, darf jetzt, 1972, infolge neuer Gesetzeslage ganz regulär für den Betriebsrat kandidieren. Das tut er und erhält die meisten Stimmen. Stolz, aber auch mit großem Ernst stellt er sich der neuen Verantwortung. Um die Position der Arbeiter und vor allem Gastarbeiter zu stärken, knüpft er Kontakte zur Gewerkschaft für Holz und Kunststoff in Würzburg.

»Sehr gern helfen wir euch in euren Rechten«, erklärt ihm der Gewerkschaftssekretär. »Ihr müsst halt nur vorher in die Gewerkschaft eintreten, sonst können wir nichts für euch tun.«

»Ich verstehe«, sagt Abdulmesih und überlegt. »Können Sie vielleicht bei einer Zusammenkunft der Belegschaft erklären, worum es geht?«

»Sehr gern.«

An einem Sonntag organisiert Abdulmesih im Hotel ›Schwan‹ eine Belegschaftsversammlung, und der Sekretär spricht über Rechte und Pflichten der Arbeiterschaft. Dass sie Pflichten haben, wissen die Menschen schon, aber dass sie auch Rechte haben, begreifen viele von ihnen zum ersten Mal. Am Ende der Veranstaltung zählt die Gewerkschaft 52 Neumitglieder.

Am nächsten Morgen wird Abdulmesih ins Büro des Firmenchefs bestellt. Abdulmesih fährt hoch in den fünften Stock.

»Was war denn das gestern im ›Schwan‹?« will der Chef ohne Umschweife wissen.

Abdulmesih ist überrascht. »Woher wissen Sie davon?«

»Wieso, war's was Geheimes?« fragt Knaus unbelustigt.

»Nein«, erklärt Abdulmesih ohne Scheu, »wir haben uns mit der Gewerkschaft getroffen, um Mitglieder zu werden.«

»Ja, eben.« Der Chef kaut auf der Unterlippe. »Und warum?«

»Es richtet sich nicht gegen Sie. Es ist unser gutes Recht, uns in einem Verband zu organisieren. Genauso wie Sie Mitglied im Arbeitgeberverband sind, nicht?«

Binnen kurzem wird Abdulmesih von der Gewerkschaft zum Vertrauensmann gewählt. Neben seiner täglichen Arbeit in der Werkstatt ist er jetzt Betriebsrat, Betriebsdolmetscher und Vertrauensmann. Alle diese Ämter will er gewissenhaft und aktiv gestalten. Also spricht er wieder bei seinem

Chef vor und bittet darum, täglich zwei Stunden von der Arbeit freigestellt zu werden.

»Damit ich meine Aufgaben für die Belegschaft gut erfüllen kann.«

»Bitte?« Der Chef wirkt, als hätte er sich verhört.

Abdulmesih erklärt es noch einmal ganz sachlich.

»Hab ich doch recht gehört«, sagt der Chef verstimmt und zuckt mit den Schultern. »Zwei Stunden, völlig ausgeschlossen. Zwei Stunden, hören Sie mal, was wollen Sie denn da zwei Stunden lang treiben, jeden Tag?«

»Vielleicht ist Ihnen gar nicht klar, wie viele Probleme es gibt«, beginnt Abdulmesih ruhig und macht sich gefasst auf eine längere Diskussion, die sich auch anschließt. Der Chef versucht, alle Argumente vom Tisch zu wischen. »Ach was«, ruft er mehrfach und: »Das ist doch Unsinn, dafür sind Sie doch nicht zuständig!«

»Wer sonst?«

Am Ende bekommt Abdulmesih seine zwei Stunden.

Es gibt wirklich viele Schwierigkeiten. Die Firma wächst, die Auftragsbücher füllen sich, denn die Deutschen entdecken ihre Liebe fürs mobile Reisen, und es kommen immer mehr Gastarbeiter und -arbeiterinnen aus der Türkei. Die sind zwar fleißig, aber sie verstehen die Sprache noch nicht und tun sich schwer mit der fremden Kultur. Sie bräuchten Zeit, die man ihnen nicht einräumt. Mancher deutsche Vorarbeiter verlegt sich auf Beschimpfungen statt Erklärungen, und sogar Schläge kommen vor.

Eines Tages kommt Barsavmo in die Schreinerei gelaufen.

»Mesih«, ruft er, »du musst schnell kommen, am Fließband hat es einen Unfall gegeben!«

»Ist jemand verletzt?«

»Ja! Komm, schnell!«

Als die beiden ankommen, läuft das Band aber nach wie vor, und der Verletzte ist bereits wieder bei der Arbeit. Erst als Abdulmesih ihn anspricht, merkt er, dass der Mann völlig verstört ist und blutet.

»Was ist passiert?« fragt ihn Abdulmesih auf Türkisch.

»Die Wagenfront ist auf mich gefallen …«

»Ja, aber warum arbeitest du weiter, du bist doch verletzt.«

Im Hintergrund erscheint der Vorarbeiter. »Was ist los, was soll der Auflauf?«

»Der Mann ist verletzt«, sagt Abdulmesih.

»Blutet halt ein bisschen, kann passieren, wenn man sich blöd anstellt.«

Abdulmesih holt Luft, bleibt aber noch sachlich. »Der Mann kann mit Verletzung nicht weiterarbeiten.«

»Ach, und für was wird er bezahlt? Fürs Bluten nicht.«

Abdulmesih sieht sich kurz um und schaltet die Bandanlage aus.

»Halt, spinnst du?« schreit der Vorarbeiter, der glaubt, nicht recht zu sehen.

Aber Abdulmesih erhebt schon seine Stimme. »Kollegen«, ruft er auf Türkisch, dass es durch den Betrieb schallt, »legt sofort eure Arbeit nieder, sofort! Hier geschehen schlimme Ungerechtigkeiten, die wir uns nicht gefallen lassen. Legt sofort eure Arbeit nieder und kommt alle mit, wir gehen zum Chef!«

Die Deutschen verstehen nicht, was vor sich geht. Sie sehen nur ratlos zu, wie ihre türkischen Kollegen ihre Arbeitsplätze verlassen, sich sammeln und in Richtung Verwaltungsgebäude marschieren. Das sieht beunruhigend aus, was ist hier los?

Der Schreiner Ott, mit dem Abdulmesih sich gut versteht, kommt herbei. »Was macht ihr hier, Freunde?«

Abdulmesih erklärt ihm, was vorgefallen ist.

Ott nickt bedenklich. »Verstehe, verstehe. Aber hör mal, was wollt ihr jetzt tun? So ein Aufruhr hilft keinem. Schick deine Leute lieber wieder an die Arbeit, und dann sprich ruhig und sachlich mit der Betriebsleitung.«

»Du hast wohl recht«, sagt Abdulmesih. »mein Bruder und ich, wir reden mit dem Chef.«

Die Arbeiter kehren wieder an ihre Arbeit zurück, und Abdulmesih und Barsavmo kommen mit dem Betriebsleiter, dem Personalchef, den Meistern und Vorarbeitern und dem Juniorchef im Aufenthaltsraum zusammen.

»So«, sagt der Juniorchef mit einer Mischung aus Zorn und Schreck, »und was sollte das jetzt sein, dieser wilde Streik? So etwas dulden wir hier nicht, damit das klar ist! Was wollt ihr denn damit erreichen?«

»Was wir erreichen wollen, Chef? Die Menschlichkeit wollen wir erreichen! Meine türkischen Kolleginnen und Kollegen sind als Menschen hierhergekommen, nicht als Tiere und nicht als Sklaven, und sie wollen als Menschen behandelt werden. Aber sie werden beschimpft und sogar geschlagen – nein, unterbrechen Sie mich nicht! – und wenn einer sich verletzt, muss er weiterarbeiten! Meine türkischen Schwestern und Brüder sind fleißige und gutwillige Arbeiterinnen und Arbeiter. Sie sind nur fremd und verstehen das Deutsche noch nicht. Was tut man unter Menschen, wenn einer etwas nicht versteht? Man erklärt es ihm, man übersetzt es ihm, aber man beschimpft und schlägt ihn nicht! Es gibt hier offizielle Dolmetscher, mich selber zum Beispiel oder meinen Bruder hier, der ist Hilfsdolmetscher. Bei Verständnisproblemen soll man die Dolmetscher einschalten. Das ist unsere Forderung – nein, ich bin noch nicht fertig! Unsere Forderung ist außerdem: Wer krank ist, wird zum Arzt geschickt, und wenn ein Unfall passiert, wird der Krankenwagen gerufen! Das alles ist eine Selbstverständlichkeit, beim allmächtigen Gott, und ich schäme mich, es überhaupt sagen zu müssen. Jetzt bin ich fertig.«

»Hm«, macht der Juniorchef und starrt auf den Tisch. Dann richtet er sich auf und sagt knapp: »Gut, so machen wir's.«

Drei Tage später ist der Seniorchef, der dienstlich unterwegs war, wieder im Hause und ruft Abdulmesih umgehend in den fünften Stock.

»So, mein Lieber, was höre ich?! Kaum bin ich weg, geht hier die Post ab. Ist die Katze aus dem Haus, tanzen die Mäuse auf dem Tisch, oder was? Ihnen ist ja wohl klar, dass so ein illegaler Streik Konsequenzen hat!« donnert er auf einmal völlig humorlos und mit hochrotem Kopf.

»Konsequenzen, ja, hoffentlich«, gibt Abdulmesih gereizt zurück.

»Machen Sie hier keine faulen Witze! Wir hatten einen Arbeitsausfall von 17 Minuten, und Sie wissen: Das ist so viel wie ein kompletter Wohnwagen, der uns verloren gegangen ist. Wer hat diesen Streik angezettelt?!«

»Ich soll den Anführer denunzieren? Wofür?«

»Ja, wofür?! Damit ich den Kerl vor Gericht schleppe und damit er mir den Ausfall entschädigt, dafür! Also, wer war's?«

Abdulmesih spürt, wie ihm der Kragen zu eng wird. »Den Streik habe ich selber ›angezettelt‹, wie Sie sagen. Und zwar aus guten Gründen, die scheinen Sie aber nicht zu interessieren. Bitte, hier steht das Telefon, rufen Sie beim Gericht an!«

Nach einer starren Sekunde lacht der Chef plötzlich los und schnauft aus. »Mensch, Mensch, Mensch«, wiederholt er und schüttelt den Kopf, »Sie haben vielleicht Nerven!« Er hebt den Finger und sagt betont: »Was Sie getan haben, ist illegal, dass das klar ist! Aber wenn ich das, was Sie für meinen Betrieb tun, in die andere Waagschale werfe, fällt das nicht ins Gewicht, da bin ich ganz ehrlich. Ich bin auch dankbar, im Ernst, aber froh bin ich trotzdem nicht!« Sein Kopf wird wieder etwas rötlich. »Hören Sie mal, in Zukunft, wenn wieder was ist, dann kommen Sie zu mir, gleich direkt zu mir, abgemacht? Wir können alles regeln, wir zwei, meinen Sie nicht? Doch, das meinen Sie auch. Na, und damit ist der Fall für mich erledigt. Hier, meine Hand drauf.«

Kapitel 11

Die Jahre beginnen, im Gleichmaß zu gehen, aus Sommer wird Winter und wieder Sommer, und viel Schönes darf gedeihen: die Kinder, die Arbeit, die Kirche. Manches muss aber auch enden.

Vater Davut stirbt 1975. Aber er stirbt nicht einsam, sondern unter geliebten Menschen; zwar nicht in seiner alten Heimat, aber unter Aramäern. Wenn Abdulmesih an das entbehrungsreiche, harte Leben seines Vaters und vieler seiner Vorfahren denkt, fragt er sich: Wie haben sie das geschafft? Nicht ohne Gott, so viel ist ihm deutlich. Vielleicht, überlegt er manchmal, gehören Entbehrungen und das Umherziehen in der Fremde zum Los unseres

Volkes. Heimatlos heißt der Aramäer schon im Alten Testament.

Und Mutter Sara? Nach dem Tod ihres Mannes zieht es sie nach Schweden, wo inzwischen Barsavmo mit Familie lebt. Nach Schweden wandern viele aus dem Tur Abdin aus, nachdem Deutschland Ende 73 für alle Gastarbeiter außer den italienischen einen Anwerbestopp verfügt hat. In Södertälje unweit Stockholm entsteht eine große syrisch-orthodoxe Gemeinde. Dorthin, zu Barsavmo und seiner Familie, wandert 1976 auch Sara aus. Zehn Jahre später wird auch sie sterben, auch sie nicht in der alten Heimat, aber auch sie unter Verwandten und Glaubensgeschwistern.

In der Firma festigt sich Abdulmesihs Position weiterhin, er ist jetzt Vorarbeiter in der Fräsmaschinengruppe.

Schon jährt sich sein Aufenthalt in Deutschland zum zehnten Mal. Er geht aufs Landratsamt und will die deutsche Staatsbürgerschaft beantragen. Das ist ein Akt, der einigen bürokratischen Aufwand mit sich bringt: Er muss allerlei Fragen beantworten, Formulare ausfüllen und Unterlagen beibringen, Führungszeugnisse, Bescheinigungen, Atteste. Es dauert Monate, alles zu besorgen, aber am Ende ist es so weit: Abdulmesih hat sämtliche Papiere beisammen und reicht den Antrag ein.

Das Landratsamt entsendet daraufhin zwei Mitarbeiter, die im Rahmen eines Hausbesuches feststellen sollen, ob Abdulmesihs Familie sich auch gut integriert hat. Gehen die Kinder schön zur Schule, können sie Deutsch?

»Und wie steht es mit der Nachbarschaft? Sind Sie mit ihr bekannt?«

Ja, auch das. Man kann von vielen Menschen erzählen, mit denen man in gutem Kontakt steht. Es folgen noch mehr Fragen, und am Ende finden die beiden Besucher, dass alles sehr gut aussieht.

»Danke vielmals«, verabschieden sie sich freundlich, »wir leiten alles an die Ausländerbehörde weiter. Auf Wiedersehen!«

Was bisher keinem klar war: wie lange ein solches Einbürgerungsverfahren dauert. Nach diesem versprechenden Besuch geschieht zwei Jahre lang nichts. Dann kommt eine Einladung vom Landratsamt zu einem Sprachtest. Ein Beamter diktiert aus der Zeitung, und man muss nachschreiben. Bei der Kontrolle wiegt der Beamte kritisch den Kopf: Jülyet hat Fehler gemacht.

»Na ja«, sagt er trocken, »Sie müssen noch ein bisschen Deutsch lernen. Dann laden wir Sie wieder ein.«

Inzwischen läuft Abdulmesihs türkischer Reisepass demnächst ab. Er schickt ihn nach Nürnberg ans türkische Konsulat zur Verlängerung. Mit dem verlängerten Pass geht er dann zur Ausländerbehörde, um nicht zum ersten Mal eine Aufenthaltsverlängerung zu beantragen.

Der Beamte runzelt aber die Stirn. »Moment, was ist denn das? Ihr Pass ist erst zwei Tage nach Ablauf der Gültigkeit verlängert worden.«

»Wie bitte?«

»Hier, schauen Sie: Ihr Pass war zwei Tage lang ungültig, erst dann ist er verlängert worden.«

»Ja, ich sehe es. Aber was bedeutet das?«

»Hm, hm, hm, toll ist das nicht. Sie haben die Verlängerung Ihres Passes zu spät beantragt, mit der Folge, dass auch Ihre Aufenthaltserlaubnis zwei Tage lang ungültig war.«

»Ich war mit andern Worten zwei Tage lang illegal in Deutschland?«

»Sie sagen es.«

»Bekomme ich jetzt keine Aufenthaltsverlängerung?«

»Doch, bekommen Sie. Aber Sie müssen künftig besser aufpassen.«

Abdulmesih fällt ein Stein vom Herzen, leider traut er Ämtern doch einiges zu, Abschiebungen infolge von Formfehlern und verpassten Fristen und dergleichen. Wie konnte es überhaupt dazu kommen? Er hat das Konsulat in Nürnberg rechtzeitig angeschrieben, dort haben sie die Sache verbummelt. Aber es ist ja noch mal gut gegangen.

Das erweist sich bald als Irrtum. Ein Schreiben des Landratsamts kommt und lehnt Abdulmesihs Einbürgerungsantrag mit der Begründung ab, er habe sich eine Unterbrechung der Aufenthaltserlaubnis zuschulden kommen lassen. Jetzt ist guter Rat teuer. Abdulmesih eilt zum Rechtsanwalt seiner Gewerkschaft und schildert ihm den Fall.

Der Anwalt, den offenbar nichts aus der Ruhe bringt, lehnt sich gemütlich zurück. »Ganz ruhig, wir schauen mal, das kriegen wir schon hin. Ich schreibe mal ans türkische Konsulat und mache denen mal Druck. Die sollen mal erklären, wann Ihr Reisepass eingetroffen ist und warum die Verlängerung seinerzeit so lange gedauert hat.«

In schönstem, trockenstem Anwaltsdeutsch wird ein geharnischtes Schreiben verfasst. Die Antwort des Konsulates lässt nicht lange auf sich warten: Jawohl, es stimme, Abdulmesihs Reisepass sei termingerecht eingegangen, es habe dann allerdings im Hause unerklärliche Verzögerungen gegeben, die man bedauere.

»So«, sagt der Anwalt zufrieden und wedelt mit dem Brief, »und damit klagen wir jetzt gegen die Ablehnung. Aber Sie wissen ja schon, wie das ist: Das kann dauern.«

Bei einer Betriebsratssitzung gibt es Neuigkeiten.

»Verehrte Betriebsräte«, sagt Knaus senior, »wir planen, ein neues Wohnwagenwerk zu gründen, und zwar in Jandelsbrunn.«

»In Jandels-wie?«

»Brunn.«

»Wo ist denn das?«

»In Niederbayern. Die Genehmigung dazu haben wir schon. Aber Sie als Betriebsräte müssen noch zustimmen. Gibt's Einwände?«

Nein, die Betriebsräte beurkunden ihre Zustimmung mittels Unterschrift. Aber Abdulmesih denkt: Was heißt das für das Werk in Ochsenfurt? Niederbayern ist weit weg.

Tatsächlich, die Ereignisse nehmen Fahrt auf.

»Verehrte Betriebsräte«, heißt es bei einer weiteren Betriebsratssitzung, »Sie wissen's ja leider schon, dass die Produktion in Ochsenfurt nicht mehr gut läuft, und ich muss Ihnen mitteilen, dass wir Maßnahmen ergreifen müssen. Es gibt jetzt zwei Möglichkeiten, überlegen Sie sich's: Entweder die Belegschaft verzichtet auf eine Lohnerhöhung, oder wir müssen Arbeitskräfte entlassen.«

Der Betriebsrat entscheidet sich für Ersteres. Das ist 1980.

Aber es hilft nicht mehr. 1981 verkündet der Chef, obwohl ihm die Sache insgeheim nicht passt, die Stilllegung des Ochsenfurter Werkes. Für Ende September wird allen gekündigt. Die meisten haben Anspruch auf eine Abfindung, die von Arbeitgeber, Gewerkschaft und Betriebsrat ausgehandelt wird.

»Wir bieten eine Summe in Höhe von insgesamt zwei Millionen Mark, die Sie dann unter der Belegschaft verteilen können«, sagt der Chef.

»Zwei Millionen«, erwidert Abdulmesih, »sind leider zu wenig. Zwei Millionen war bereits der allgemeine Verzicht auf eine Lohnerhöhung wert.«

Der Chef kaut auf der Lippe, aber es hilft nichts, er beißt auf Granit. Nach zähen Verhandlungen einigt man sich auf acht Millionen Mark. Diese Summe wird unter Berücksichtigung von Alter, sozialer Lage und Länge der Betriebszugehörigkeit unter der Belegschaft aufgeteilt.

Dann gehen alle ihrer Wege und suchen neue Arbeit.

Nur die Betriebsräte sind gesetzlich verpflichtet, länger zu bleiben. Nur, was sollen sie arbeiten?

»Auf dem Frickenhäuser Campingplatz kannst du morgen Laub sammeln«, sagt der Fließbandmeister zu Abdulmesih.

»Was kann ich? Auf keinen Fall, ich bin hier als Schreiner angestellt, nicht als Straßenkehrer. Wenn es für mich keine Beschäftigung als Schreiner mehr gibt, dann gib mir das schriftlich und schick mich nach Hause.«

Der Personalchef hat einen Vorschlag zur Güte.

»Versteh ich natürlich«, sagt er. »Sie könnten im Lager Restbestände abverkaufen, Werkzeuge, Stoffe, Handwagen und so weiter, alles, was wir nicht mehr brauchen. Wie wäre das?«

Das macht Abdulmesih, und so gehen seine letzten sechs Monate für die Firma Knaus dahin. 15 Jahre lang war er hier tätig, als Möbelschreiner, Dolmetscher, Betriebsrat und Vertrauensmann der

Gewerkschaft. Dankbar und nicht ohne Wehmut blickt er zurück. Aber er wäre nicht Abdulmesih, wenn sein Blick nicht vor allem nach vorne ginge.

Und die Zukunft hält ein Geschenk bereit: Im Juli 1982 erblickt die Tochter Helena Maria das Licht der Welt. Die Freude in der Familie ist unbeschreiblich, ein Mädchen hat noch gefehlt zum vollkommenen Glück! Der neue Erdenmensch wird begeistert begrüßt und gefeiert.

Und noch ein Geschenk: Das Landratsamt legt ihm nahe, die Klage gegen die Ablehnung zurückzuziehen.

»Sie bekommen Ihre Staatsangehörigkeit«, sagt der Beamte vertraulich am Telefon, »Sie mit Ihrer Familie.«

Es folgt eine Einladung ins Landratsamt und die offizielle Überreichung der Urkunden. Abdulmesih hat seine besten Sachen angezogen, ihm ist sehr feierlich zumute. Nicht nur er hat eine neue Heimat, die neue Heimat hat jetzt auch ihn – nicht mehr als Gast, nicht nur geduldet, sondern als vollwertigen Bürger. Er ist ein Deutscher unter Deutschen. So war er früher ein Türke unter Türken, dann ein Türke unter Syrern, dann ein Türke unter Deutschen. Immer aber war und ist er ein Aramäer unter Menschen. Aramäer zu sein und zugleich Deutscher ist kein Widerspruch, im Gegenteil. Er fühlt, wie das eine das andere bereichert.

Nach dem Ende des Werkes in Ochsenfurt meldet sich Abdulmesih arbeitslos und verschickt Bewerbungen, ohne Erfolg. Nach 13 Monaten Arbeitslosigkeit wird ihm durch das Arbeitsamt eine Stelle in einer Bauschreinerei in Kaltensondheim vermittelt. Mit seinem neuen Chef versteht er sich sehr gut, aber die Baustellenarbeit verdrießt ihn. Gibt es wirklich keine andere Arbeit?

Vielleicht doch.

»Ich hab erfahren«, sagt ein Bekannter aus Aschaffenburg, »dass ein italienischer Unternehmer, der in Offenbach sitzt, eine Filiale in Würzburg eröffnen will. Kann das was für dich sein, Mesih?«

»Was tut er denn?«

»Er hat irgendeinen Großhandel. Kannst ja mal Kontakt mit ihm aufnehmen.«

Abdulmesih ruft den Großhändler an, vereinbart einen Termin und fährt nach Offenbach, wo ihm ein riesiges Lager voll italienischer Gastronomieprodukte vorgeführt wird. Abdulmesih ist beeindruckt.

»Meine Kunden sind Pizzerien, Restaurants und so weiter«, erklärt ihm der Großhändler wie jemand, der sich mit allem bestens auskennt. »Die Sache läuft sehr gut, deshalb expandiere ich gerade. Und für Würzburg suche ich jemand, der eine Filiale übernimmt und als stiller Gesellschafter einsteigt. Interessiert?«

Allerdings! Offenbar gibt es hier viel Potenzial zum Geldverdienen, also wird nicht lange gezaudert. Die beiden handeln die Bedingungen aus und unterzeichnen eine Geschäftsvereinbarung: Abdulmesih wird Angestellter, legt eine Summe ein und ist an Gewinn und Verlust beteiligt.

Zurück in Würzburg macht er sich auf die Suche nach einer großen Lagerhalle, wird fündig, lässt den italienischen Unternehmer als den Geschäftsinhaber den Mietvertrag unterschreiben und kümmert sich um die Einrichtung. Dann kündigt er seine Stellung als Bauschreiner. Per LKW werden nun tonnenweise italienische Produkte angeliefert, ein Lieferwagen wird zur Verfügung gestellt, und Abdulmesih beginnt mit frohem Mut sein neues Amt als Filialleiter. Es ist Mai 1984.

Die Arbeit erweist sich bald als zu viel, er stellt zwei Mitarbeiter ein, einen Italiener und einen Türken. Zusammen beliefern sie italienische Gastronomiebetriebe im weiten Umkreis. Außerdem beginnt Abdulmesih, auch türkische Produkte in sein Sortiment aufzunehmen. So vergeht das erste Jahr, und das Geschäft entwickelt sich bestens.

Eines Tages holt Abdulmesih in Nürnberg Waren ab. Bei seiner Rückkehr trifft er seine Familie in heller Aufregung.

»Mesih«, ruft Jülyet, »der Gerichtsvollzieher war im Laden!«

»Was?!« Abdulmesih fällt aus allen Wolken. Was ist passiert?

Der italienische Großhändler, der nicht nur nach Würzburg, sondern bundesweit expandiert, hat sich bei seinen Investitionen verhoben und ist zahlungsunfähig; die letzten beiden Monate hat er auch die Miete für das Würzburger Lager nicht gezahlt. Der Gerichtsvollzieher pfändet einen Teil der Waren. Ein paar Tage später taucht auch ein Vertreter der Bank bei Abdulmesih auf und verlangt Zugang zur Kasse und zu den Konten.

»Wieso wollen Sie das?« fragt Abdulmesih.

»Nun ja«, erwidert der Bankmensch geschmeidig, »weil es unser Geld ist, nicht wahr.«

»Nein, das ist nicht wahr. Das hier ist mein Geschäft, da steckt mein Geld drin, nicht Ihres.«

Der Bankmensch bleibt geschmeidig. »Nun ja, Ihr Firmenchef hat doch erhebliche Zahlungsverpflichtungen, und wenn hier bei Ihnen Gelder liquid sind, dann, nicht wahr, gehören die uns.«

»Eben nicht. Wie gesagt, es sind nicht Ihre Gelder und auch nicht die meines Chefs, sondern meine.«

Der Bankmensch verliert ein wenig die Laune. »Ach, bitte, nun kommen Sie, was soll das?«

»Von mir bekommen Sie nichts«, erklärt Abdulmesih abschließend.

Jetzt ist der Bankmensch etwas ratlos. Er ruft seinen Chef an, der äußert, Abdulmesih habe womöglich recht, und der Bankmensch solle einmal das Datum der Geschäftsvereinbarung zwischen Abdulmesih und seinem Chef überprüfen. Aha, sie ist älter als die Vereinbarung des Chefs mit der Bank! Tatsächlich, hier in diesem Geschäft steckt also wirklich

Abdulmesihs eigenes Geld, nicht das der Bank. Der Bankmensch verabschiedet sich sparsam.

Immerhin! Aber wie geht's jetzt weiter? Abdulmesih fragt seinen Anwalt.

»Wollen Sie das Geschäft denn weiterführen?« will der wissen.

»Ja, es ist ein sehr gutes Geschäft.«

»Dann empfehle ich Ihnen Folgendes: Bieten Sie dem Vermieter der Halle an, dass, wenn er den Mietvertrag auf Sie umschreibt, dass Sie dann die ausstehenden beiden Monatsmieten auf Ihre eigene Kappe nehmen. Ha, da wird er wohl nicht Nein sagen.«

»Gut. Und dann? Wie komme ich an die gepfändete Ware?«

»Tja, da hilft wohl nur eins: Sie müssen sie ersteigern.«

Am Tag der Versteigerung tauchen auch Bankenvertreter auf, die ein günstiges Geschäft wittern. Aber Abdulmesih, der erstens den Wert der Ware genau kennt und zweitens etwas mit ihr anzufangen weiß, lässt sich nicht beirren. Für 38.000 Mark ersteigert er die Ware.

Jetzt ist Abdulmesih der Eigentümer eines Geschäfts, ein Groß- und Einzelhändler, ein selbständiger Unternehmer.

Kapitel 12

Aus Kindern werden Leute. Es ist 1986, und Fikri heiratet. Die Trauung mit Sema aus Augsburg findet in der voll besetzten Ochsenfurter Kreuzkirche statt und wird zu Abdulmesihs großer Freude von einem guten alten Bekannten gehalten: Çiçek, der inzwischen zum Bischof geweiht ist und jetzt Mor Julius Jeshu Çiçek heißt. Anschließend feiern 400 Gäste den himmlischen Tag bis spät in die Nacht – mit aramäischer Musik, mit gewaltigen Mengen an Essen und Trinken. Abdulmesih erinnert sich an seine eigene Hochzeit vor einem Vierteljahrhundert. Mein Gott, denkt er sich, damals war alles noch ganz anders, ein anderes Land, auch andere Menschen, und die Zukunft, in der er jetzt wie selbstverständlich lebt, war damals noch nicht einmal vorstellbar. Aber ganz anders war es eben doch nicht, denn auch das Fest heute wird so traditionell gefeiert wie damals, wenn auch in Deutschland. Abdulmesih dankt Gott. Ihm scheint, je älter er wird, umso mehr begreift er, wie viel Gnade er immer wieder erfährt. Sein Leben ist ein Geschenk.

Seit neun Jahren sitzt hier in Ochsenfurt ein syrisch-orthodoxer Kirchenrat, zuständig für Ochsenfurt und Würzburg, dem Abdulmesih selbstverständlich als Gründungsmitglied angehört. Von der ersten Stunde an hat er sich um Räumlichkeiten und Ausstattung gekümmert. Dann geht es um die Organisation der Gottesdienste und des aramäischen Religionsunterrichts für die Kinder. Die Dinge nehmen Gestalt an. Çiçeks Weihe zum Bischof im Jahre 79 in Hengelo wird dann zum epochalen Ereignis für die gesamte syrisch-orthodoxe Kirche: Er ist ihr erster auf europäischem Boden geweihter Bischof. Damit steht er für die ungebrochene Lebendigkeit und beharrliche Ausbreitung seines Glaubens. Hochrangige Vertreter der katholischen, evangelischen, orthodoxen, koptischen Schwesterkirchen wohnen dem unvergesslichen Ereignis bei und übermitteln Glück- und Segenswünsche. Zum Abschluss der Feierlichkeit wird das Vaterunser auf Aramäisch gesungen. Abdulmesih fühlt, wie Vergangenheit und Gegenwart an einem Ort zusammenkommen, und weint vor innerer Bewegung.

Als Delegierter des Ochsenfurt-Würzburger Kirchenrates nimmt er ab 83 an Sitzungen des europäischen Diözesanrates in den Niederlanden teil. Zusammen mit Bischof Çiçek, dem er assistiert, besucht er Politiker und Kirchenleute, lernt den bayerischen Ministerpräsidenten Franz Josef Strauß kennen, unterstützt Gemeinden und Vereine in ganz Europa und macht auf die Situation seiner Glaubensgeschwister in der Türkei aufmerksam. Vieles fällt auf fruchtbaren Boden. Für aramäische Christen kann auf diese Weise in Deutschland Bleiberecht und Asyl erwirkt werden. In Bayern, Baden-Württemberg und Hessen wird der aramäische Religionsunterricht staatlich anerkannt.

1985 wird außerdem ein Dachverband, eine ›aramäische Föderation‹ für die syrisch-orthodoxen Gemeinden und Kulturvereine ins Leben gerufen, die inzwischen allenthalben aus dem Boden sprießen, weltweit. Folgerichtig wird ein weltweites Gremium gegründet, das sich als weltliche Vertretung der Aramäer versteht: das ›World Council of Arameans‹. An diesen Gründungen ist Abdulmesih als Initiator beteiligt, und im selben Jahr wird er erster Vorsitzender des Diözesanrates für Mitteleuropa und die Benelux-Länder. All das geschieht 1986, und dann heiratet außerdem Fikri! Wahrhaftig, was für ein wunderbares Jahr voll Glück und Dankbarkeit!

Abdulmesih bezieht türkische Ware direkt aus der Türkei, italienische, griechische und arabische kauft er beim Großhandel in Frankfurt und beliefert Restaurants in Würzburg, Aschaffenburg und Miltenberg. Vor allem mit den italienischen Produkten macht er guten Gewinn. Es ist an der Zeit, die Wohnverhältnisse zu ändern.

Im November dieses glücklichen Jahres kauft er eine Villa in der Völkstraße. Abdulmesih lässt erstes und zweites Obergeschoss umbauen, erneuert Leitungen und Installationen. Bis zum Frühjahr des Folgejahres entstehen auf diese Weise drei Wohneinheiten. Fikri und Sema ziehen ins zweite Obergeschoss. Das Erdgeschoss wird vermietet. Und im Sommer zieht der Rest der Familie ins erste Obergeschoss. Nach 18 Jahren in der Marktbreiter Straße wohnen sie nun in den eigenen vier Wänden.

Bald heiratet auch Fuat, seine Frau heißt Sabiha, sie stammt aus Wien und ist ebenfalls Aramäerin. Die Trauung nimmt wieder der brüderlich befreundete Bischof Çiçek vor, wieder in der vollen Pfarrkirche St. Andreas, und wieder wird nach aramäischer Sitte gefeiert bis in die frühen Morgenstunden. Das ist 1988.

1989 kündigt die Vermieterin der Lagerhalle den Mietvertrag, weil sie Auflagen der Stadt zu erfüllen hat. Aber Abdulmesih entdeckt umgehend eine Zeitungsannonce: In der Textorstraße in der Würzburger Innenstadt ist eine Halle zu mieten, 130 Quadratmeter groß. Er greift sofort zu.

Einige Formalitäten sind noch zu erledigen, eine Nutzungsänderung muss beantragt werden, Strom und Wasser müssen neu verlegt werden, dann folgt der Umzug. Freunde und Familie packen mit an und schaffen die komplette Einrichtung von der alten in die neue Halle. Kühlschränke, Regale und Registrierkassen werden aufgestellt. Abdulmesih will hier einen Einzelhandel eröffnen, daher auch die Nutzungsänderung. Daher aber auch die vorschriftsgemäße Trennung der Waren in Abteilungen: Lebensmittel, frisches Obst und Gemüse, Getränke, Geschenkartikel, Videos. Im September öffnet der neue Markt seine Türen.

Das Geschäft läuft glänzend, viele Jahre lang.

Es gibt auch kleine Abenteuer zu erleben.

Kurz vor Weihnachten im Jahre 99 wollen zwei arabische Frauen, vielleicht Mutter und Tochter, eine Handvoll Waren mit einem Tausendmarkschein bezahlen.

»Oh«, sagt Abdulmesih, »ich kann Ihnen aber nur kleine Scheine herausgeben.«

»Haben Sie keine großen in der Kasse?« fragt die ältere der beiden Frauen. »Da sehe ich doch welche.«

»Tut mir leid, meine Dame, aber die gebe ich nicht alle heraus.«

Die Dame bleibt seltsam beharrlich. »Aber in Ihrem Geldbeutel, vielleicht haben Sie da welche.«

»In meinem Geldbeutel? Na ja, den kann ich Ihnen meinetwegen zeigen, hier bitte, aber das Geld kann ich Ihnen genauso wenig geben, das brauche ich anderweitig.« Im Geldbeutel hat Abdulmesih 5000 Mark vorbereitet, weil er nach Ladenschluss sein Auto aus der Reparatur holen will.

Die Dame kommt näher, besieht sich das Geld, überlegt es sich plötzlich anders, nimmt ihren Tausendmarkschein wieder an sich, meint: »Dann eben nicht«, und verschwindet mit ihrer Begleiterin zur Tür hinaus.

Ein komischer Auftritt, denkt Abdulmesih.

Als er das Auto aus der Werkstatt holt und bezahlen will, sind nur 4000 Mark im Geldbeutel. Er zählt das Geld nochmals, wendet die Scheine in der Hand, zweifelt erst an seinen Augen, dann an seinem Verstand. Hat er keine 5000, sondern nur 4000 hineingetan? Nein, zum Donnerwetter, 5000! Aber wohin ist das Geld verschwunden? Lange muss er nicht nachdenken, wo die fehlenden 1000 Mark gelandet sind. Aber wie das vonstatten gegangen ist, bleibt ihm ein höchst unerfreuliches Rätsel. Er kann sich erinnern, dass die Hand der älteren Dame sich dem Geldbeutel genähert hat, das schon, aber sie hat ja nicht hineingegriffen – oder doch? War er vielleicht kurz abgelenkt? Was hat eigentlich die andere Frau die ganze Zeit getrieben? Es hilft nichts, er kann den Hergang nicht rekonstruieren, er kann sich nur ärgern, hier war wohl jemand äußerst fingerfertig.

Dann kommt der Millenniumswechsel. Der vielfach beschworene Weltuntergang infolge verrückt spielender Computer findet nicht statt, und das Leben geht gleichmäßig weiter.

Kurz vor Weihnachten im Jahre 2000 betreten zwei arabische Frauen den Laden. Moment, denkt Abdulmesih, sind das nicht ...? Sind sie's oder sind sie's nicht?

Dann liegen auf der Theke eine Handvoll Waren und ein Tausendmarkschein, mit dem bezahlt werden soll. Abdulmesih lächelt verbindlich, schnappt sich den Tausendmarkschein, wendet sich zum Telefon und meint zu den beiden Frauen, die ein wenig ratlos dastehen:

»Wundern Sie sich nicht, ich rufe die Polizei.«

Auf dieses Stichwort suchen beide das Weite. In Abdulmesihs Hand bleiben 1000 Mark.

»Ihr Lieben«, ruft er freudestrahlend, als er am Abend nach Hause kommt, und wedelt mit dem Geldschein, »schaut einmal hier: Der verlorene Sohn ist zurück!«

Zwei Jahre später macht die Familie vierzehn Tage Urlaub bei den schwedischen Verwandten und Freunden. Sonntags kommen sie zurück. Weil sonntags die Banken geschlossen haben, hat Abdulmesih vor dem Urlaub 15.000 Mark in einer Geldkassette in seinem Schreibtisch deponiert, um montags in aller Herrgottsfrühe auf dem Frankfurter Großmarkt einkaufen zu können. Als er sein Büro betritt, um das Geld zu holen, bleibt ihm fast das Herz stehen. Die Schreibtischschublade ist zertrümmert, das Geld ist weg. Abdulmesih ruft sofort die Polizei. Die kommt, sucht nach Spuren und nimmt den Fall auf.

»Haben Sie irgendjemanden im Verdacht?« fragt ein Beamter.

»Nein, keinen, ich weiß von nichts«, sagt Abdulmesih geschockt.

Am nächsten Tag kommt er mit Frau und Tochter nochmals in den Laden und sieht sich alles in Ruhe an. Helena Maria entdeckt zwei Blutflecken. Wieder wird die Polizei verständigt, sie nimmt Proben und sichert außerdem Fußspuren. Plötzlich erinnert sich Abdulmesih an etwas: Vor ein paar Wochen hat eine Frau im Laden ein Glas entwendet, in dem Gelder für das SOS-Kinderdorf gesammelt wurden.

»Können Sie die Frau beschreiben?«

Das kann Abdulmesih.

Wenig später wird er auf die Polizeiwache bestellt. Man hat eine bereits polizeibekannte Frau festgenommen, auf die die Beschreibung zutrifft. Erkennt Abdulmesih sie wieder?

»Ja, das ist sie, das ist die Frau, die das SOS-Kinderdorf-Geld gestohlen hat.«

Die Wohnung der Frau wird durchsucht, man findet viel Geld. Die Frau gesteht den Einbruch bei Abdulmesih, und über seinen Anwalt bekommt er sein Geld zurück. Gerade noch mal gutgegangen, denkt er und bedankt sich nach oben.

Natürlich gibt es Höhen und Tiefen in seinem geschäftlichen Leben. Einmal werden ihm auch 8000 Mark gestohlen, die er nicht wiedersieht, und mit Lieferanten und Kunden gibt es manchen Ärger. Doch insgesamt ist Abdulmesih zufrieden und verdient gutes Geld.

Trotzdem fällt es ihm nicht furchtbar schwer, den Laden irgendwann wieder loszulassen. Als nach der Einführung des Euro die Geschäfte immer schleppender laufen, denkt er sich: Vielleicht wird es Zeit, ans Aufhören zu denken. Mit Ablauf des Juli 2005 kündigt er das Mietverhältnis, veranstaltet einen großen Räumungsverkauf, schließt am Ende die Türen zu und gibt den Schlüssel zurück. Er ist jetzt 68 Jahre alt, hinter ihm liegen 21 erfolgreiche Geschäftsjahre.

Zwei Jahre später heiratet sein dritter Sohn Davit, seine Frau ist katholisch und heißt Anette, die Hochzeit findet statt in der Ochsenfurter Maria-Schnee-Kirche. Drei Priester zelebrieren den Gottesdienst: Prälat Zobel, Pfarrer Öğünc und Pfarrer Toksoy aus Tauberbischofsheim. Gefeiert wird in bewährtem Rahmen in Würzburg mit aramäischem und englischem Sang und Tanz bis in die Nacht. Nur einen Wermutstropfen gibt es für Abdulmesih an dem feierlichen Tag: Bischof Çiçek ist nicht dabei. Er ist im Jahre 2005 überraschend gestorben. In all dem Trubel der Feier denkt Abdulmesih: ›Auch das Abschiednehmen gehört zum Leben.‹ Und Çiçek ist auf seine Art, auf die Art eines wohlwollenden Verstorbenen, auch heute dabei.

Im April 2016 fährt Abdulmesih mit Jülyet von einem lustigen Familientreffen in Würzburg nach Hause, es geht gegen zehn Uhr am Abend. Er hat leichte Kopfschmerzen, vielleicht verträgt er die Aufregung nicht mehr so gut? Zu Hause nimmt er eine Tablette. Die Schmerzen werden aber schlimmer, ihm wird heiß und kalt, er fängt an zu schwitzen und bekommt nicht mehr richtig Luft. Er tritt auf den Balkon, aber er kann einfach nicht durchatmen. Da begreift er.

»Jülyet, ruf schnell einen Arzt!«

Krankenwagen und Notarzt kommen angebraust, Abdulmesih wird sofort in die örtliche Mainklinik transportiert und stabilisiert, am nächsten Tag geht es nach Würzburg in die Uniklinik, in die Kardiologie.

Abdulmesihs Herz hat sehr lange und für vieles geschlagen. Es ist nicht mehr so stark wie früher.

»Sie müssen sofort operiert werden«, erklärt der behandelnde Professor mit sachlichem Ernst. »Das Problem ist nur: Wir können keinen Herzkatheder verwenden, der Zugang ist dicht. Wir müssen Ihren Brustkorb öffnen.«

»Nur zu, machen Sie das.«

»Es ist eine gefährliche, langwierige Operation.«

»Natürlich. Machen Sie sich keine Sorgen, Herr Professor, es wird schon gutgehen.«

Der Professor lacht, und Abdulmesih muss eine Einwilligung unterschreiben. Noch in der Nacht werden ihm vier Beipässe gelegt. Tatsächlich, die OP geht gut. Aber dann?

Abdulmesih wird für sieben Tage in leichtem Koma gehalten, jeden Tag sind Frau und Kinder am Krankenbett und passen auf. Am achten Tag kommt er langsam und dämmernd wieder zu sich. Er sieht Gesichter, die er träge wiedererkennt, freut sich leise, hat aber Schmerzen, kann sich nicht regen und bekommt keinen Ton heraus. Er fühlt sich ungeheuer matt und kraftlos, ringsum blinkende Geräte und ehrfurchtgebietende Maschinen, an denen er mit Kabeln und Schläuchen angeschlossen ist.

Am gleichen Tag wird er zurück nach Ochsenfurt in die Mainklinik transportiert und dort auf der Intensivstation wieder an Maschinen angeschlossen. Durch eine Nasensonde bekommt er flüssige Nahrung und Medikamente. Aber er fühlt sich keine Spur kräftiger. Vielmehr stellt er fest, dass er durch die Behandlung einer Lungenentzündung, die infolge der OP eingetreten ist, seine Stimme verloren hat. Und per Körpersprache kann er sich nicht mitteilen, er kann nicht einmal schreiben, so schwach ist er. Zu schwach zum Sitzen, zum Bewegen, und an Stehen ist überhaupt nicht zu denken, vielleicht nie mehr. Erstarrt und verstummt liegt er da, mit geschlossenen Augen und unbeweglichem Körper. Ihm ist, als könne er sich an das Leben nur noch von ferne erinnern. Ich bin bereits tot, sagt er sich, mein Körper ist nicht mehr zu gebrauchen, ich kann nicht mehr sprechen. Aber ich will nicht klagen, ich bin schon fast achtzig, so alt werden nicht alle. Und was hatte ich doch für ein wundersames Leben. Achtzig, denkt er, schade, er hätte den runden Geburtstag gerne noch gefeiert. Aber bis dahin ist es noch ein Dreivierteljahr, eine Ewigkeit.

Nichts tun, nicht handeln zu können, untätig sein zu müssen, das ist ungewohnt für ihn. Doch ganz langsam erwachen ihm wieder die Lebensgeister. Er merkt: Es geht um Geduld. Er muss die Dinge erwarten lernen, er muss sich in Langsamkeit und Dankbarkeit üben – eine gute Übung. Er muss alles annehmen.

Nein, nicht alles. Von dieser Sonde mitten in seinem Gesicht zum Beispiel hat er ernsthaft die Nase voll.

»Die kann ich nicht wegmachen«, sagt der Pfleger. »Es sei denn, Sie können die Medizin schlucken, dann brauchen Sie die Nasensonde nicht.«

Abdulmesih versucht, mit aller Kraft die Tabletten hinunterzuwürgen, vergeblich. Aber nach ein paar Tagen geht es doch, und er wird den Nasenschlauch los.

Dann kehrt seine Stimme zurück, nach drei Wochen. Abdulmesih dankt seinem Gott, auch wenn er nur ein dünnes Krächzen herausbringt. Eine Logopädin saugt ihm Schleim ab.

»Schreien Sie mal«, sagt sie dann ganz freundlich, als wäre nichts dabei.

Schreien, wie ging das noch mal? So vielleicht?

»Ja«, sagt die Logopädin und nickt, »ja, das war schon ganz gut. Aber es geht noch besser.«

Abdulmesih nimmt alle Kraft zusammen und schreit. Ja, das ist seine Stimme, dünn und brüchig und ungelenk zwar, aber er weiß jetzt, dass er wieder sprechen kann.

Dann kommt das Bewegen dran. Unglaublich, wie anstrengend es sein kann, sich im Bett aufzusetzen. Mit Hilfe geht es, erst noch zittrig, dann immer selbstverständlicher. Auch das Stehen und Gehen kann man mit Geduld und Vorsicht wieder lernen. Abdulmesih wird sich selbst wieder bekannter und empfindet immer öfter große Dankbarkeit, dass er das Leben mit seinen ganzen gewöhnlichen Dingen noch einmal entdecken darf.

Am 1. Mai ist Ostern. Abdulmesih muss im Krankenhaus sein, aber er will das hohe Fest würdig begehen. Fikri schneidet ihm die Haare und hilft ihm beim Waschen. Am Vormittag besucht ihn der syrisch-orthodoxe Pfarrer Demir aus Kirchhardt, nimmt ihm die Beichte ab und bringt ihm die Kommunion. Am Nachmittag kommt die Familie. Es gibt ein großes Hallo, Küsse und Umarmungen. Die kleinen Enkelinnen wirken ein bisschen unsicher in diesem Krankenzimmer, aber Abdulmesih lacht und scherzt mit ihnen.

Jülyet sagt: »Die ganze Kirchengemeinde schickt dir die besten Ostergrüße!«

»Ach, das ist schön.«

»Ja, am Ende des Gottesdienstes wurde offiziell für dich gebetet, lieber Mesih! So, und weißt du, was ich hier habe? Schau mal her.«

»Osterbrot!«

Jülyet hat Unmengen von dem traditionellen Gebäck, von Ostereiern und Süßigkeiten mitgebracht und verteilt davon auch an Ärzte, Schwestern, Pfleger und irgendwelche Besucher, die ihr gerade über den Weg laufen. Denn es ist Ostern, der Herr ist auferstanden, er ist wahrhaft auferstanden!

Abdulmesih auch.

Nach insgesamt achtundvierzig Tagen in Klinik und Reha kommt Abdulmesih wieder nach Hause. Es ist der 2. Juni 2016.

Für den letzten Tag des Jahres lädt er die ganze Familie, Verwandte, Freunde und Bekannte zu einem großen dreifachen Fest ein: um Silvester zu feiern, seinen morgigen achtzigsten Geburtstag und sein zweites Leben.

»Ich habe in diesem Jahr«, sagt er feierlich zu seinen Gästen, »so viel Aufmerksamkeit und Zuwendung erfahren, ich habe Briefe bekommen, Telefonate, Besuche, man hat für mich gebetet und hat mir gute Gedanken geschickt. Ihr alle nehmt Anteil an mir, ihr, meine Freunde, meine Familie. Das freut mich und macht mich stolz, aber ich weiß gar nicht, wie ich das verdient habe. Ich habe ja gar nichts Besonderes gemacht. Ich war ja immer nur der Abdulmesih, wie mich der liebe Gott auf die Welt geschickt hat.«

Als die Neujahrsraketen in die Lüfte steigen, ist der Jubel groß. Aber Abdulmesih ist ganz bei sich. Es beginnt gerade sein einundfünfzigstes Jahr in Deutschland. Vierzig Jahre ist er im Kirchenvorstand, dreißig Jahre im Kirchenrat, acht Jahre im Diözesanrat, elf Bundespräsidenten hat er erlebt und sieben Bundeskanzler und -kanzlerinnen, zehn Autos hat er gefahren, in zig Vereinen ist er Mitglied: Johanniter, Kolping, Caritas, Rotes Kreuz, Feuerwehr, Syrisch-orthodoxer Kulturverein und so weiter, und seit siebenunddreißig Jahren ist er Abonnent derselben Tageszeitung. Er hat Kinder, Schwiegertöchter und sechs Enkelkinder, von groß bis klein, in die er sämtlich verliebt ist, Sarah, Aaron, Michael, David, Elisa und Alina, und die älteren davon sind bereits wieder verheiratet, aramäisch sogar, und Urenkel sind nicht mehr fern.

Abdulmesih ist glücklich. So geht das uralte Leben weiter, vom Tur Abdin direkt in die Zukunft.

Nachwort des Autors

Dieses Lebensbild erzählt die wahre Geschichte von Abdulmesih Yüksel aus Ochsenfurt. Es ist die Geschichte einer Integration, aber zugleich die Geschichte eines Menschenschicksals.

Die erzählten Ereignisse sind von mir dramatisch ausgestaltet worden, beruhen aber auf biografischen Begebenheiten. Abdulmesih Yüksel hat mir reiches Material zur Verfügung gestellt und mich auf diese Weise und in der persönlichen Begegnung an seinem Leben und Glauben teilhaben lassen.

Ihm danke ich ganz besonders. Ein großer Dank für stete, geduldige Unterstützung gilt außerdem seinen Kindern und deren Familien.

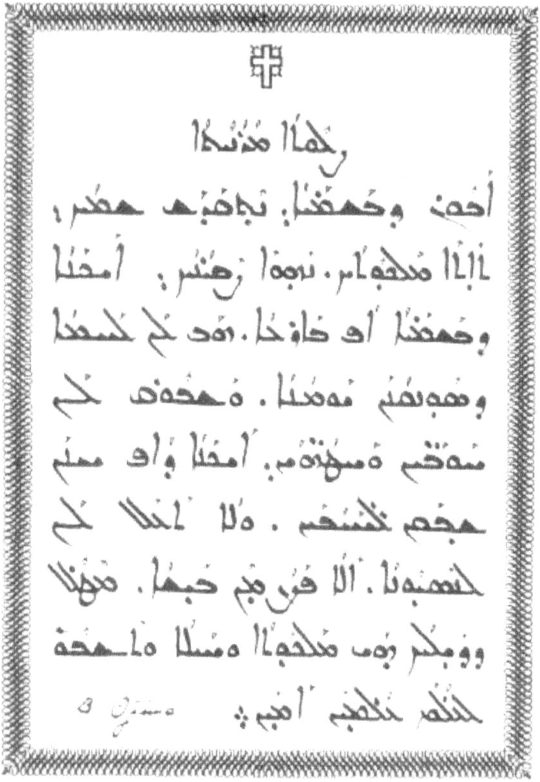

(Mar Gabriel-Verein)